1

Mutters Intrigen,

Einsteins Irrtum

und das Ende der gelben Linie

Überleben in einer narzisstischen Familie

Céline Legrain

© 2022 Céline Legrain

Coverdesign von Annika Orsinger. Rostock

ISBN Softcover: 978-3-347-66108-0
ISBN Hardcover: 978-3-347-66112-7
ISBN E-Book: 978-3-347-66117-2
ISBN Großschrift: 978-3-347-66120-2

Druck und Distribution im Auftrag des Autors:
tredition GmbH, Halenreie 40-44, 22359 Hamburg, Germany

Inhalt

Vorwort

Stellen sie sich vor Sie werden abends auf dem Heimweg überfallen. Jemand tritt plötzlich aus dem Dunkel und knallt Ihnen seine Faust ins Gesicht. Sie taumeln, fangen sich aber wieder und gehen in Verteidigungsposition. Sehen wir mal ab von Ihrer eigenen körperlichen Verfassung und der des Angreifers, vielleicht auch vom   Vorteil des Überraschungsmoments. Wer wird gewinnen? Unter normalen Umständen der Angreifer! Warum? Wenn Sie sich wehren werden Sie vorsichtig sein weil Sie instinktiv die moralische Verpflichtung empfinden niemanden verletzen wollen. Oder Sie scheuen die Folgen, die eine solche Verletzung des Gegners für Sie haben könnte. Zum Beispiel eine Anklage wegen Körperverletzung. Ihr Angreifer hat mit der Absicht Sie zu überfallen bereits die Grenze zum moralisch Verbotenen überschritten und wird sich einen Teufel darum scheren ob er Sie verletzt oder nicht. Er wird härter zuschlagen als Sie es jemals wagen würden.

Angenommen, der Täter wird später gestellt, dann wird er vermutlich seine Tat abstreiten. Und eine Menge Ausreden erfinden. Während Sie streng bei der Wahrheit bleiben, wird er Alibis erfinden, dafür möglicherweise weitere Menschen ungeniert für seine Zwecke einspannen und wilde Geschichten erfinden warum man Ihre Geldbörse in seiner Wohnung gefunden hat. Je kaltblütiger und überzeugender der Täter vorgeht desto größer ist seine Chance damit durch zu kommen. Das macht den Unterschied zwischen einem Angreifer und einem Opfer aus. Der Täter hat die Absicht Ihnen zu schaden. Ihm ist egal was aus Ihnen wird. Sie möchten sich bloss verteidigen. Und Sie möchten niemandem schaden. Zudem verfügt er über einen zeitlichen Vorteil: Während er seine Tat oder deren Vertuschung vorausplant, ahnen Sie nicht einmal was da auf Sie zukommt.

Und nun stellen Sie sich vor dass es jemanden in Ihrem engsten Familienkreis gibt der Ihnen mit großer Freude schaden möchte und dem keinerlei moralische Bedenken im Weg stehen. Konstruieren wir ein Beispiel: Ein Onkel möchte Ihnen kurz vor seinem Tod 100000 € schenken weil Sie so ein netter Mensch sind. Seinem Sohn ist das nicht recht, er beansprucht das Geld für sich, schließlich sind Sie kein direkter Verwandter. Der Onkel bleibt bei seinem Vorhaben, der Sohn nimmt den Kampf gegen Sie auf. Eigentlich kann er den Onkel nur umstimmen, wenn er irgend etwas schlechtes über Sie erfindet. Irgend eine Geschichte, die den Onkel davon überzeugt dass Sie es nicht wert sind derart beschenkt zu werden. Die Lüge ist seine schärfste Waffe. Je überzeugender er sie vorbringt desto größer ist sein Erfolg. Sagen wir, er berichtet Ihrem Onkel dass Sie vor vielen Jahren ein Verhältnis mit seiner Frau hatten, was seine Ehe ruiniert hat. In Wahrheit hat ihn seine Frau verlassen weil sie seine Lügen und Liebschaften nicht mehr ertragen hat. Nun ist der Onkel nicht dumm und erkundigt sich innerhalb der Familie. Die Lüge muss also weiter verbreitet werden. Gleichzeitig müssen Sie sowohl vom Onkel als auch vom Rest der Familie iso-

liert werden damit niemand diese Geschichte hinter-
fragt. Im Familienkreis gibt es jetzt nur noch zwei
Menschen die die Wahrheit kennen: Der Lügner und
Sie. Er wird sie bestimmt nicht erzählen denn er muss
mit allen Mitteln verhindern dass Sie Unterstützung
von anderen Familienmitgliedern erhalten. Und Sie
selbst ahnen noch nicht einmal was da hinter Ihrem
Rücken läuft. Je länger dieser Zustand dauert desto
dichter hat er sein Netz aus Lügen gesponnen. Wenn
Sie Pech haben vermittelt ihm der Schaden den er
Ihnen zugefügt hat auch noch sadistische Freude.
Dann werden Sie ihn so schnell nicht mehr los.
Noch schlimmer wird es, wenn die Betroffenen noch
Kinder und die Eltern dieser Kinder die Täter sind. Da
werden Eltern, deren Aufgabe es ist, ihre Kinder zu
schützen und auf ihr Leben vorzubereiten, zu Menschen, die ihren eigenen Kindern willentlich schaden
und weh tun. Die kindliche Unerfahrenheit und seine
grenzenlose Liebe, die es für seine Eltern empfindet,
machen es zum leichten Opfer. Aber die Qualen, die
die seelischen Misshandlungen auslösen, sind bei
Kindern weitaus schmerzhafter, die Schäden, die es
davonträgt sind größer und letztlich vielleicht irrepa-
rabel und bleiben teils lebenslang.

Davon möchte ich Ihnen erzählen. Seien Sie vorsichtig wenn es um Geschichten über ein Kind geht. Sehen Sie bitte genau hin wenn man Sie zum heimli-
chen Mitwisser machen will. Einen schlechten Menschen kann man nur an seinen Taten messen. Sie
wissen ja, diese Typen sind wahre Meister der Lüge.
Also streichen sie jedes gesprochene oder geschrie-

bene Wort, dass Sie von diesem Menschen hören oder lesen und betrachten Sie ausschließlich seine Handlungen. Wenn Sie mehr über seine Lügen erfahren möchten hinterfragen Sie jedes seiner Worte. Ansonsten werden Sie schnell zum Mitwisser, vielleicht sogar Mittäter.

Der Anfang liegt weit zurück

Stella zog das Pech an wie die Motten das Licht. Insbesondere im Hinblick auf die Auswahl ihrer Eltern. In ihrem Leben ging anfangs so ziemlich alles schief was nur schief gehen konnte. Ihre Eltern waren so kalt wie Fische und überhaupt nicht an ihrer Tochter interessiert, eine echte Katastrophe, Geschwister nicht vorhanden, Großeltern zwar vorhanden aber nicht willig und der Zeitpunkt an dem ihr Leben begann war auch nicht ohne.

Nein, sie erlebte nicht die eine große, alles überschattende zerstörerische Katastrophe. Den einen schweren Unfall, den einen Todesfall, die eine schicksalsentscheidende Krankheit. Nein, Stella erlebte nichts von alle dem. Kein Ende mit Schrecken, dafür aber ein Schrecken ohne Ende. Sie erlebte eine kontinuierliche nicht enden wollende, mehrere Jahrzehnte andauernde Aneinanderreihung von kleinen aber zutiefst verletzenden Vorfällen. Als hinge sie an einem Tropf der ihr in homöopathischen Dosen beständig und ohne Unterbrechung Hass, Häme, Einsamkeit und Angst zuführte. Verursacht von Menschen, die aus egoistischen Motiven handelten und die nicht davor zurück schreckten dabei über Stellas seelische und manchmal auch physische Leiche zu gehen, schlimmer noch: einige hatten sadistische Freude an Stellas Angst und Verzweiflung und sie begingen diese Taten in der vollen Absicht Stella zu schaden. Und ausgerechnet ihre Eltern waren die Hauptverursacher, eben jene beiden Menschen, denen ein Kind am meisten vertraut und denen jedes Kind ohne Argwohn begegnet. Einzelne dieser Vorfälle waren vielleicht zu ver-kraften, ihre Summe jedoch zerbrach Stellas Seele wie ein teures Glas dass auf dem Steinboden zerspringt. Nur langsamer. Sozusagen in Zeitlupe. Stückchen für Stückchen.

Stella wurde 1960 geboren. Der Krieg war seit 15 Jahren vorbei, eine Zeitspanne, die für die Genesung der menschlichen Seele gerade einmal ein un-zureichender und unbedeutender Wimpernschlag ist. Die Menschheit war durchseucht11 von traumatisierten Männern und Frauen, Trinkern, Neurotikerinnen, Verlorene, Einsame und Brutale über die sich viele andere aus Unkenntnis amüsierten. Stella machte da keine echte Ausnahme. Der Alkoholiker aus dem Haus an der Ecke sorgte auf seinem unsteten, schwankenden, mitunter halbstündigen Heimweg, der ihn, die volle Straßenbreite nutzend, von Zaun zu Zaun mühsam die knappen hundert Meter von der Kneipe nach Hause führte, für große Erheiterung. Der ehemalige Matrose, den alle nur „Süden" nannten, war sowohl nüchtern als auch betrunken ein freundlicher Geselle, der überall gerne gesehen war. Seine Exzesse wurden von allen als Kavaliersdelikt und als vollkommen harmlos eingestuft - außer von seiner Frau. Die machte sich oft Sorgen um ihn wenn er nicht nach Hause kam. Dann klingelte sie an den Haustüren in der Nachbarschaft und suchte ihn. Nicht zornig sondern ehrlich besorgt und tieftraurig. Sie wußte wohl um die Gründe seiner Trunksucht. Unzählige Männer waren während des Krieges damit konfrontiert worden, einen Menschen von Angesicht zu Angesicht töten zu müssen um nicht selbst getötet zu werden.

Manch einer musste eine irrwitzige Entscheidung fällen: Sollte er im Kugelhagel des Feindes oder vielleicht durch die Kugel des eigenen Kameraden sterben, der mit der Aufgabe betraut war all jene zu erschießen die aus Angst wieder zurück in den Schützengraben wollten? Vielleicht gehörte „Süden" auch zu ihnen. Oder musste er Menschen von Angesicht zu Angesicht töten? Nur eben auf See.

Unzählige Frauen waren ebenfalls vom Krieg und seinen Folgen gezeichnet. Viele mussten ihren Vergewaltigern ins Gesicht sehen. Die Frauen der Verlierer empfangen die Kinder der Gewinner. Kinder litten, weil sie aus diesem Grund in ihrem Familien ungewollt und nur geduldet waren. Und viele Mütter standen vor der übermenschlichen Aufgabe, die Kinder ihrer Vergewaltiger versorgen und sogar lieben zu müssen. Viele Mütter haben es nicht geschafft. Viele Kriegsheimkehrer nicht und viele Kinder auch nicht. So, wie der Sohn der Nachbarin, deren Mann an der Front kämpfte während sie, von russischen Soldaten vergewaltigt, gegen Ende des Krieges einen Jungen zur Welt brachte. Jahrelang war sie ohne Lebenszeichen von ihrem Mann, der erst fünf Jahre später - sowieso schon seelisch gebrochen - vor der Tür stand. Sie schafften es nicht, ein gemeinsames Kind zu zeugen. Der Junge, Frucht der Vergewaltigung, endete als Alkoholiker in einem Pflegeheim noch bevor seine Eltern Rentner wurden.

Und nebenbei musste aus den Trümmern der Vergangenheit wieder ein Zuhause aufgebaut werden.

Dabei fehlte es an allem: Essen, Kleidung, ein Dach über dem Kopf, Baumaterial, Schutz und Sicherheit. Der Kampf ums Überleben war gnadenlos. Die Mordrate in Deutschland war nie so hoch wie unmittelbar nach dem zweiten Weltkrieg. Von Geborgenheit konnten die Menschen nur träumen.

Wie viele Menschen möglicherweise von den NS-Gräueltaten gewusst haben aber aus Selbstschutz schwiegen, vielleicht nicht fähig waren sich diese kolossalen Verbrechen einzugestehen. Wie viele Menschen unüberlegt mitmachten und erst später ihre Schuld erkannten - oder davor weglaufen mussten weil sie sie nicht ertragen haben. Wie viele Menschen ermordet, wie viele Menschen Angehörige verloren hatten oder unvorstellbaren Gräueltaten ausgesetzt waren. Manche hatten gleich zweimal einen Krieg erlebt, der ihnen jeden seelischen Halt nahm. Doppelte Traumatisierung, doppelt so viele Ängste und Dämonen. Und alle erlebten Hunger und Kälte.

All diese zahllosen Männer, die zum Töten gezwungen waren um nicht selbst zu sterben, all diese Frauen, die die Vergewaltigungen, vielfach auch der Zwang zur selbstgewählten Prostitution um nicht zu verhungern oder die Kinder verhungern zu lassen, all die Männer und Frauen die blind und gedankenlos dem Nationalsozialismus folgten verloren ihre humane Unschuld, die ihnen bislang das Gefühl gab, ein Mensch von Wert zu sein; sie waren plötzlich Schuld am Tod von Menschen oder fühlten sich lebenslang beschmutzt und erniedrigt. Es gab keine Möglichkeit diese gigantische seelische Verletzung aufzuarbeiten. Zudem war in diesem Meer aus Angst und Schuld einfach kein Platz für die Nöte der Kinder. Später, als Stella in Gesprächen mit Freunden, Bekannten und ehemaligen Nachbarn versuchte, Licht ins Dunkel ihrer frühen Lebensgeschichte zu bringen, hörte sie ab und zu von ihnen dass sie durchaus die schlimmen Umstände in ihrer Familie gesehen haben, sie aber nicht in der Lage waren Stellas Mutter zur Rede zu stellen. Mutter, die ein ausgesprochen unangenehmer Mensch sein konnte, hatte eine zweifelhafte Gabe. Ihre rhetorischen Fähigkeiten übertrafen stets die Ihrer Mitmenschen. Ihre präzise Wortwahl, die feinfühlige Intonation, ihr untrügliches Gespür für den richtigen Moment und ihr kompromissloser Wille andere zu verletzen verschaffte ihr den Freiraum den sie brauchte um von niemanden zur Rede gestellt zu werden. Man ging ihr geflissentlich aus dem Weg. Damit war Mutter quasi unantastbar. Niemand wagte es sie auf die Vernachlässigung der Tochter anzusprechen.

Die aus dem gigantischen seelischen Trümmerfeld des zweiten Weltkriegs entstandene Sehnsucht nach Normalität und Frieden erschuf, basierend auf dem Wirtschaftswunder, eine neue heile Welt, verpflanzte die vergewaltigten, müden und ausgehungerten Trümmerfrauen plötzlich mit gestärkter weißer Schürze hinter den heimischen Herd und die ehemaligen Soldaten stolz hinter das Lenkrad eines babyblauen oder beigefarbenen Kleinwagens, später eines VW Käfers, der - während im Autoradio der Sprecher die laufenden Fußball-Bundesligaspiele kommentierte -

allwöchentlich samstags blitzsauber gewaschen wurde. Denn seit Neuestem, gerade mal elf Jahre nach Ende des Krieges, war der Samstag ein Feiertag, die Gewerkschaften hatte dafür mit dem Slogan „samstags gehört Vati mir" auf großen Plakaten mit strahlenden Kindern und in fröhlichen Fernsehspots im ganzen Land geworben. Vater wienerte samstags stolz das Auto, Mutter putzte die Treppe und fegte den Gehweg. Korrekte Kleidung bis hin zum Herrenhut und tadelloses Benehmen bis hin zur endlich gelösten Frage wer wen wie und in welcher Reihenfolge bei einem Zusammentreffen fremder Menschen vorstellt verschafften allen Distanz und verhinderten zwischenmenschliche Zusammenstöße; der Knigge erlebte eine Renaissance bis hin zur vollkommenen Steifheit. Eine heile schöne Fassade hinter der sich die schlimmsten Erlebnisse und Taten, wahre Alpträume, versteckten. So, als ob eine Nation kollektiv eine Pause von den Gräueltaten brauchte. Man wollte sich nicht mehr daran erinnern und schon gar nicht der nächsten Generation davon berichten. Wie schwarze Schatten hinter der Tür verstörten die unausgesprochenen Erinnerungen, Verletzungen und Schuldgefühle der Eltern ihre Kinder. Die jungen Leute, die sich Klarheit verschaffen wollten, wurden von den Alten mit „das verstehst du nicht" oder „dafür bist du noch zu jung" abgespeist aber die schwarzen Schatten blieben, die Verunsicherung über das Schweigen und nicht zuletzt der Umstand dass sie an der Kollektivschuld der Deutschen mittragen mussten aber nicht wussten warum. Denn Deutsche waren im Ausland nicht unbedingt gerne gesehen. Man begegnete ihnen Ablehnung die die Eltern zu Hause nicht erklären wollten oder konnten. Später brachte die konsequente Aufarbeitung, die lange, intensive Auseinandersetzung mit allem was während des Nationalsozialismus vorgefallen war den jungen Menschen Einsicht in die Vergangenheit und allen die dazu in der Lage waren die Möglichkeit sich ihrer Vergangenheit zu stellen. Trotzdem stand häufig der öffentlichen Diskussion das Schweigen in den Familien gegenüber. Die Frage, die die junge Generation ihren Eltern laut oder unausgesprochen stellte, lautete: Was hast du persönlich getan? Wie weit bist Du gegangen und welche Verletzungen hast du erlitten? Die schlimmen Erlebnisse der Alten wurden verschwiegen, nicht nur aus Scham, auch, um die Dinge nicht wieder an die Oberfläche kommen zu lassen und den eigenen Schmerz wieder ertragen zu müssen. Oder Schuld anerkennen zu müssen. In vielen Familien gab es oft keine Vergangenheit mehr. Sie wurde versteckt, verschwiegen, in der hintersten Ecke der Erinnerungen vergraben.

Die Welt schrie nach einer neuen Generation, eine, die eine bessere Zukunft versprach und später „die geburtenstarken Jahrgänge" genannt wurde. Das Wirtschaftswunder als schöne Decke unter der eine gigantische Menge Gift und Hilflosigkeit vor sich hin brodelte. Die neue Idylle konnte die Probleme der Menschen eben nur verdecken, nicht beheben. Und niemand wollte Probleme sehen geschweige denn benennen. Und wie immer litten auch die Schwächsten, nämlich die Kinder. Sie waren gezwungen mit den traumatisierten Eltern und deren hartnäckigem

Schweigen zu leben. Sie wussten nicht genau was vorgefallen war und konnten die Verhaltensweisen der Eltern und Großeltern oft nicht begreifen. Diese wiederum konnten die Unbeschwertheit der neuen Generation kaum ertragen. Die 68er wurden von den Älteren verpönt, verspottet und verrissen. Immerhin verhinderte der Bruch zwischen den Generationen, das die Jungen ebenso weitermachten wie die Alten. Die Jungen kämpften um den Aufbruch und die Freiheit, die Alten kämpften um das Vergessen und Verschweigen der Vergangenheit vor die sie die Fassade einer vermeintlich heilen Welt errichtet hatten. Für manche hörte der Krieg im eigenen Inneren nicht auf. Im beruflichen Umfeld traf Stella viele Frauen, die von ihren Männern misshandelt wurden. Da befreiten sich Männer von ihrer Hilflosigkeit die sie bei der Bewältigung ihres Lebens empfanden durch Prügel und diese „Befreiungsschläge" trafen ihre Frauen. So wie die nette Kundin die ein paar Häuser weiter wohnte. Stella mochte sie, eine ruhige und freundliche Person. Wenn sie allerdings um 15 Uhr noch nicht fertig war, wurde sie unruhig, begann zu weinen und verlor vollkommen die Fassung. Irgendwann erzählte die Frau ihre Geschichte: Sie hatte viele Jahre nach dem Krieg auf ihren Mann gewartet. Froh, ihn wieder zu haben, erfüllte sie ihm jeden Wunsch, wurde Zeugin seiner Alpträume, deren Auslöser er zwar nie erzählte, die aber offenbar mit Kriegserlebnissen zusammen hingen. Zudem beharrte er auf strengen Abläufen im Haus, um halb fünf kam er von der Arbeit zurück und erwartete ein warmes wohlschmeckendes Essen auf dem Tisch. War sie noch nicht fertig, bezog nicht nur

17

sie sondern ab und zu auch der gemeinsame Sohn Prügel. Sie wusste um seine Nöte und ertrug seine Schläge bis an ihr Lebensende. Der Sohn verließ das Haus sobald er konnte und beschränkte den Kontakt auf das notwendigste. Der Krieg schadet eben auch den nachfolgenden Generationen und macht weder vor Menschen, Grenzen oder der Zeit halt. Der Krieg ist nicht zu Ende nur weil Politiker Frieden beschließen. Er endet erst viele Generationen später. Wenn die Verursacher längst nicht mehr leben.

Der Zufall ist ein Verräter

Stellas Familie hatte den Krieg und seine Folgen ebenfalls erlebt. Aber niemand verlor jemals viele Worte darüber. Allerdings war ihre Familie durchaus in der Lage dieses schwierige Szenario bei Weitem zu übertreffen. Sowohl Großvater als auch Urgroßvater und Ururgroßvater mütterlicherseits hatten eine Eigenart: Sie führten lebenslang ein Tagebuch. Die überwiegende Anzahl der Tagebücher fielen Stella nach Großvaters Tod zufällig in die Hände weil niemand sonst Interesse an ihnen hatte. Aus gutem Grund. Die Bücher ließen jedem Leser das Blut in den Adern gefrieren. Kalt und unberührt beschrieben sie Tragödien und Unglücke, sparten nicht mit moralischen Verurteilungen, ließen jede menschliche Regung vermissen. Alle drei Männer verzeichneten jede Kleinigkeit bis hin zur Uhrzeit wann der Regen aufhörte ohne aber jemals Schlüsse aus den erhobenen Daten zu ziehen. Der Nachbar auf der anderen Straßenseite der seinen fauligen Pflaumenbaum fällte wurde mit gleicher Wichtigkeit aufgeführt wie die Nachricht das der erste Weltkrieg begonnen hatte oder die über die Ermordung eines Dorfmitgliedes, der seine Frau und seine vier Kinder ermordete. Manche Vorkommnisse wurden kaltherzig kommentiert. Und manche Kommentare zu erschütternden Geschehnissen waren ausgesprochen distanziert, manche sogar brutal. Alle drei Autoren berichteten gleichermaßen emotionslos ohne Hervorhebung der Wichtigkeit einzelner Fakten und ohne Rückschlüsse über historische Ereignisse von großer Relevanz zu ziehen, kalt und ohne Herz. Stellas Großvater mütterlicherseits hatte den ersten Weltkrieg in Russland erlebt und war dort in sibirische Gefangenschaft geraten. Seine Flucht beschrieb er auf den Materialien, die ihm zur verfügung standen; teils auf Verpackungen oder Zeitungsrändern. Im zweiten Weltkrieg wurde er, der für den Einsatz an der Front eigentlich schon zu alt war, wieder nach Russland geschickt weil er sich mit einem Gauleiter der Nazis angelegt hatte. Als Dolmetscher sprach er fließend russisch. Wieder kam er nach Sibirien in russische Gefangenschaft und wieder schaffte er später die Flucht nach Hause. Zu Fuß, fast erfroren auf dem Dach einer Eisenbahn, teils weil er sich durch allerlei Arbeiten eine Mitfahrgelegenheit auf Karren, Kutschen, Autos oder Lastwagen verdiente. Fast fünf Jahre nach Ende des Krieges kam er äußerlich unversehrt zurück nach Hause. Kaum vorstellbar was das mit einem Menschen macht. Stella sammelte eifrig Informationen zu ihren Ahnen, sprach mit den ältesten Nachbarn der Großeltern, die eine Menge Geschichten zu erzählen hatten, schrieb Stadtverwaltungen und Kirchengemeinden an und nutzte das Internet. Der Familienstammbaum, der mittlerweile über mehrere Jahrhunderte nachvollziehbar war, zeigte bestimmte Regelmäßigkeiten, die Stella der Anschauung halber farbig markierte. So markierte sie diejenige Linie, in der Frauen immer wieder uneheliche Kinder bekamen, blau. Die rosa Linie zeigte Frauen, die unterhalb ihres Standes heirateten. Die rote Linie markierte Vorfahren, die ein Verbrechen begangen hatten, die gelbe diejenigen, denen man seelische Auffälligkeiten nachsagen konnte. Die gefundenen Regelmäßigkeiten bildeten in der Regel zwar unterbrochene aber optisch nachvollziehbare Linien und tauchten spätestens in der dritten Generation innerhalb einer Linie wieder auf. Nur die gelbe Linie war durchgängig. In den Tagebüchern ihres Großvaters fanden sich Passagen über das Verhalten seiner Mutter, die den Eindruck vermittelten dass es sich um eine ausgesprochen schwierige und unangenehme Person gehandelt haben muss. Zudem fand Stella zwei Kirchenbucheinträge, die den Rückschluss zuließen, dass zumindest zwei Frauen der mütterlichen Linie seelisch sehr gelitten haben. Ihren Großvater kannte Stella recht gut, musste sie doch zahllose Ferien als Spielkameradin ihrer herzkranken Cousine, die mit ihrer Mutter, der Schwester ihrer eigenen Mutter, im Hause der Großeltern lebte, verbringen. Großvater war in Natura ebenso emotionslos wie in seinen Tagebüchern, ein Pedant dessen Leben sekundengenau durch getaktet war, ein Despot, der nicht nur den Kindern sondern auch seiner erwachsenen Tochter und seiner Frau das Reden bei Tisch während der Mahlzeiten verbot, der bestimmte, wann welche Arbeit verrichtet, ein Spaziergang gemacht, ein Gespräch begonnen wurde. Als ob ihm diese unumstößliche Ordnung in der Abfolge der Dinge Sicherheit verlieh. Sowohl Großmutter als auch Tante widersprachen nie, stiegen statt dessen abends weinend und unglücklich ins Bett. Immerhin schien er nach Besserung zu streben, er war Mitglied einer Loge. Stella besaß immer noch eine Geburtstagskarte, die er ihr zum 12. Geburtstag geschrieben hatte. „Herzliche Geburtstagsgrüße, verbunden mit den besten Wünschen für die Zukunft, auch im Namen Deiner Großmutter". So distanziert und unnahbar wie die Karte verfasst worden war, war das Wort „herzlich" eine absolute Farce. Er machte Stella Angst und es war jedesmal ein großes Pech wenn sie wieder mal die Ferien dort verbringen musste. Die schönsten Momente in den Sommerferien waren diejenigen, an denen die älteren Nachbarn an lauen Sommerabenden auf der Bank vor dem Haus saßen und ins Plaudern kamen. Einige Kinder aus der Nachbarschaft hockten auf den Treppenstufen und hörten zu. Die Alten erzählten schaurige und merkwürdige Geschichten von früher, auch über Stellas Vorfahren, besonders über ihre Urgroßmutter. Die verdarb es sich seinerzeit wohl mit nahezu allen Nachbarn, vergraulte Freunde und Verwandte mit harschen Beleidigungen und Verdächtigungen. In der Schilderung ihrer Persönlichkeit waren sich alle einig: Eine unangenehme, oft beleidigende egoistische Person, die die eigenen Befindlichkeiten uneingeschränkt über alles andere gestellt und durchgesetzt hatte und der man besser aus dem Wege ging. Diese Frau war zu Lebzeiten eindeutig gelb, da war Stella sicher. Ebenso die drei Großväter und ihre Großmutter. Letztere war eine kleine zierliche Person, absolut unscheinbar und oft übersehen. Sie sprach kaum, an manchen Tagen hörte man gerade einmal ein leises „Guten Morgen", ansonsten verrichtete sie stumm ihre Hausarbeit und starrte stundenlang aus dem Fenster. Sie war der stillste Mensch den Stella kannte. Einzig ihre Tante entging der Farbe gelb. Aber nicht weil sie dafür nicht in Frage kam. Sie war eine Frau, die in der zweiten Reihe verharrte und von dort regierte. Unsicher und ohne Courage versteckte sie sich stets hinter anderen, die sie um die Durchsetzung ihrer Bedürfnisse bat. Immer wieder bat sie Stellas Mutter um Rat und um Intervention wenn es um Schwierigkeiten in ihrer zweiten Ehe ging. Sie selbst war nicht in der Lage Ihre Mann zu erklären was ihr missfiel. In Stellas Stammbaum war sie nur deshalb nicht gelb weil sie nicht Stellas direkte Vorfahrin war und somit im Stammbaum nicht aufgenommen wurde. Stellas Mutter wuchs also in emotional ausgesprochen schwierigen Verhältnissen auf. Zusätzlich von den Eltern mit der Verantwortung für die kränkliche Schwester (also der dem gelben entronnenen Tante) betraut, die, nachdem drei männliche Nachkommen im Säuglingssalter verstorben waren, weder ihre Mutter noch ihr Vater tragen wollten entschloss sie sich wohl zum Despotismus. Großvater machte stillschweigend Großmutter für die Tragödie verantwortlich, dass von den fünf Kindern ausgerechnet nur die seiner Ansicht nach wertlosen Mädchen überlebten, da ließ er keinen Zweifel aufkommen. Großmutter verstummte und litt still. Aber nicht nur wegen der drei verstorbenen männlichen Nachkommen. Großmutter stammte aus einer reichen Familie die den Nazis nahe stand. Ausgerechnet ihr Bruder verriet Großvater beim Gauleiter, der ihn bekanntermaßen an die Ostfront schickte. Großmutter war seitdem vom größten Teil ihrer Herkunftsfamilie getrennt und hatte hauptsächlich innerhalb der schrulligen Familie ihres Mannes Kontakte. Es war daher nicht sehr überraschend dass Stellas Mutter inmitten von Despotismus, Patriarchat, Unterdrückung und Hass nicht zur menschlichsten aller Frauen heranwuchs.

Die Verantwortung für ihre Schwester, die sie ein Leben lang trug, erstreckte sich später sogar auf deren Familie. Tantchen, selbst immer kränklich, war vom gesundheitlichen Pech in ihrer Familie verfolgt. Ihre Tochter wurde mit einem Herzfehler geboren, der erst operativ behoben werden konnte als das Kind neun Jahre alt war. Kurz danach starb ihr Mann, ausgerechnet an der gleichen Herzerkrankung. Damals brauchte ein Kind, das nur noch eine Mutter hatte, einen zusätzlichen männlichen Vormund. Das galt übrigens nicht, wenn das Kind nur noch einen Vater hatte. Ein weiblicher Vormund war in diesen Fällen nicht vorgesehen. Das beschreibt präzise das seinerzeit vorherrschende gesellschaftliche Bild der nur bedingt zurechnungsfähigen Mutter. Und erst seit 1963 durften Mütter die Zeugnisse ihrer Kinder unterschreiben-Frechheit! Da hatten die Männer wohl schlicht vergessen dass ihre Frauen die schlimme Situation in der Heimat viele Jahre lang meisterten während sie und ihre Kameraden an der Front, in Gefangenschaft oder bereits tot waren. Mutter überredete Vater, der schon genug mit sich und der Welt zu tun hatte, die Vormundschaft über Stellas Kusine anzunehmen. Was er natürlich auch tat. Auf diese Weise erreichte Mutter noch mehr Einfluß auf Schwester, Nichte und Mann, sicher aber auch ein bisschen Anerkennung von ihrem Vater. Die vermisste sie nämlich lebenslang. Fortan stand Vater immer sonntags der Kusine zur Verfügung, dafür sorgte Mutter. Dazu sei er als ihr Vormund schließlich verpflichtet, versicherte er Stella hartnäckig wenn sie mal seine Aufmerksamkeit forderte. Kusine Sieglinde erklärte Stella in Anlehnung an die gewerkschaftliche Werbung für den freien Samstag gehässig: „Sonntags gehört dein Vater mir!" Und kam damit durch. Wenn Vater der Nichte sonntags vorlas war Stella nicht erwünscht. Das wusste Sieglinde sehr wirkungsvoll zu verhindern: Vor der Operation konnte ihr Herz nicht genug Sauerstoff durch ihren Körper pumpen. Bei jeder größeren Anstrengung hockte sie sich hin und japste nach Luft. Das verschaffte ihr große Aufmerksamkeit und den sicheren Sieg bei allem was sie durchsetzen wollte. Nur damit sie sich nicht mehr aufregen musste. Jeder las ihr wirklich jeden Wunsch von den Augen ab. Das Mädchen, nicht dumm, behielt diese Strategie auch nach der Operation bei und war damit längst zur Tyrannin geworden. Sie setzte alles durch. Auch den Umstand dass Stella an ihren gemeinsamen Stunden mit Stellas Vater nicht teilnehmen durfte. Großvater fand in den Dramen seiner jüngeren Tochter eine willkommene Möglichkeit seine vielleicht in rudimentären Mengen vorhandene Menschlichkeit zu zeigen, er gab sich finanziell großzügig sowohl bei ihrer Unterstützung und als auch bei den Geschenken an seine Enkelin. Zudem wurde deren Gesundheitszustand und natürlich seine Unterstützung auf jedem Familientreffen Gesprächsgegenstand Nummer eins. Stella nahm er gar nicht wahr.

Dummerweise kreuzte sich an einem warmen Tag im Juli 1954 die gelbe Linie der Mutter mit der des Vaters, einem zurückhaltenden, freundlichen aber sehr unsicheren Mann. Mutter, vielleicht aus Einsamkeit, sicher aber auf der Suche nach jemandem, der ihr im Leben Vorteile verschaffen könnte, warf ihre Netze aus. Vater, aus Einsamkeit und auf der Suche nach jemandem, der ihm, dem ewigen Kind, Schutz und Unterstützung gewähren könnte, ließ sich willig fangen. Beide spürten dass sie in gewisser Weise zueinander passten. Der Zufall ist ein Verräter.

Die Familie von Stellas Vater war nur selten Gesprächsthema und wenn dann durch Beschimpfungen aus Mutters Mund. Man ging sich aus dem Weg, besuchte sich nur an runden Geburtstagen, die für die ganze Familie eine einzige Tortour waren denn Mutter machte es rasend wenn sie nicht im Mittelpunkt stand. Jeder Besuch war überschattet von Zank und Streit, den Mutter in der Regel schon auf der Fahrt dorthin vom Zaun brach. Was wohl der Grund dafür war, dass auch kaum jemand zu Besuch kam. Stellas Fragen dazu wurden unwirsch abgetan, weshalb sie irgendwann begann, auf eigene Faust die Geschichte ihrer Familie zu ergründen.

Vaters Großmutter war zu Stellas Überraschung tatsächlich eine holländische Baroness. Das hatte den Vorteil, dass Stella diesen Teil des Stammbaumes leicht recherchieren konnte, adelige Familien führen Stammbäume wegen des Geldes und der Titel die es zu vererben galt. Ein paar kurze Briefe an weitläufige Verwandte die noch lebten, an Kirchengemeinden und Stadtverwaltungen beschwerte ihr eine Fülle an Stammbäumen, Büchern und Kopien von Kirchenbüchern die ihr einen umfassenden Einblick in die Familie verschafften. Zudem betreiben Niederländer akribische Ahnenforschung, die in Büchern zusammengefasst ganze Linien über Jahrhunderte erklären. Urgroßmutter Baroness, befreite sich von ihrer kühlen, distanzierten und dogmatischen (gelben) Mutter und dem streng calvinistisch denkenden Vater, dessen Vater wiederum Professor für Theologie war, auf ihre Weise: Selbst streng calvinistisch erzogen, brannte sie mit einem Katholiken durch, der noch dazu Deutscher, also seinerzeit ein Feind war, was ihr den Verlust des Erbes, ihres Titels und der Herkunftsfamilie bescherte. Sie lag ebenso auf der rosa Linie, denn sie heiratete - unter ihrem Stand - einen Viehhändler. Zudem war sie Teil der grünen Linie, die Stella „Revolutionäre" nannte. Dem Katholiken erging es ähnlich, die Heirat mit einer Kalvinistin stank zum Himmel. Zudem wurde er gleich zu Beginn des ersten Weltkriegs während der Schlachten um den Hartmannsweiler Kopf im Elsass schwer verletzt und blieb kränklich und leidend bis er zehn Jahre später daran starb. Zurück blieb eine enterbte titellose Witwe mit drei von einer Baroness erzogenen Töchtern eines enterbten Katholiken. Die Mädchen erlernten Berufe um zu überleben, wurden aber auch von der Mutter ausgesprochen gut erzogen, waren gebildet und wurden von Ihr auch im Geigenspiel unterrichtet. Eine der Töchter, Stellas Großmutter, wurde sehr jung schwanger. Vater wurde unehelich geboren (hier kreuzte die blaue Linie die Gelbe). Seine enterbte Großmutter nahm ihn bei sich auf damit die Tochter weiterhin arbeiten konnte, erzog ihn, verschwieg ihm jedoch dass sie nicht seine Mutter sondern seine

Großmutter war. Immerhin sah sie für ihr Alter noch sehr jung aus. Zumindest zeigen das die wenigen von ihr verbliebenen Photographien. Das sie seine Großmutter war, erfuhr er erst nach ihrem Tod. Bei den seltenen Gelegenheiten, an denen er über seine Familie sprach, beschrieb er sie als kühl, distanziert, unnahbar und außerordentlich streng. Zudem fühlte er sich sowohl bei ihr als auch später bei seiner leiblichen Mutter unerwünscht. Was vermutlich der Wahrheit entsprach. Trotzdem ließ seine Großmutter ihm eine ebenso gute Erziehung und Bildung zukommen wie ihren Töchtern, von der er zeitlebens profitierte. Unfähig, Konflikte auszuhalten, umschiffte Vater, der zeitlebens der „Gute" sein wollte, unangenehme Dinge weiträumig. Es passte perfekt in seinen Lebenslauf, dass er schon vor Stellas Geburt sehr krank wurde, was ihm zusätzlich einen Mitleidsbonus einbrachte. Und ihn zeitlebens mit der perfekten Ausrede versorgte: „Ich kann das nicht, ich bin krank." Mit seiner Harmoniesucht und seiner Angst, in seiner kränklichen und von Schmerzen geprägten Situation verlassen zu werden, passte er perfekt ins Beuteschema seiner Frau. Sie erpresste ihn schamlos damit und nutzte ihn aus. „Dich will doch niemand haben;" war ihre Devise, womit sie Vater in die Knie zwang. Er ließ sie gewähren, trat ihr grundsätzlich nie entgegen und schaffte es nicht, die Erkenntnisse seiner eigenen Vergangenheit zum Positiven zu verwerten. Er hatte so sehr gelitten weil niemand wirklich für ihn eintrat, nun tat er es selbst nicht einmal. Offenbar glaubte er dass er es nicht wert war. Ein kritikloser harmoniesüchtiger Jasager ohne eigene Meinung – außer vielleicht in Sachen Fußball. Für Mutter war es ein leichtes, Vater die unangenehmen Dinge abzunehmen, sie erledigte sie skrupel- und gnadenlos und im Handumdrehen. Alles im allem also kein Glücksfall für die beiden sondern eher ein großes Pech. Denn Vater hatte keine Chance sich weiter zu entwickeln um stärker und selbstsicherer zu werden. Mutter hatte keine Möglichkeit, ihrer Kampfposition zu entrinnen um einen Perspektivwechsel vorzunehmen. Keine Chance. Jeder drängte den anderen zurück in seine Aufgaben, die er wortlos übernommen hatte. Der Status   quo blieb bis zum Tod beider erhalten. Nein, nicht ganz. In ihrer eigenen Position erstarkten sie; Mutter wurde dreister, Vater unfähiger. Und alles nur, weil der Zufall die Lebenslinien zweier Menschen, die jeder auf seine Art schwach waren, zueinander führte. Dieser Verräter.

Anfangsverdacht

Zwar spürte Stella recht früh einen Unterschied zwischen dem was sie fühlte und dem was Mutter ihr zu vermitteln versuchte. Mutter, eine garstige Frau, der nichts ungelegener kam als ein Kind, nutzte jede Gelegenheit um sich nicht mit Stella befassen zu müssen. Andererseits liebte Stella ihre Mutter, so bedingungslos wie jedes Kind seine Mutter liebt. Und sie versuchte alles um in ihrer Nähe sein zu können und suchte ihre Anerkennung. Dafür strengte sie sich mächtig an. Aber je mehr sie sich anstrengte desto kritischer beurteilte Mutter ihre Leistung, je mehr Stella sich über Dinge, die sie erreicht hatte, freute, desto ungehaltener reagierte Mutter. Je besser sie eine ei-

29

gene Leistung fand desto schlechter beurteilte Mutter sie. Es schien als würden Stellas Leistungen Mutter eher stören als freuen. Trotzdem war es bis zu Mutters Tod Stellas größter Wünsch von ihrer Mutter ein Lob zu hören. Nur ein einziges Lob. Nur ein einziges Mal die Worte „das hast du gut gemacht" aus Mutters Mund, und wenn schon nicht direkt an sie gerichtet so doch vielleicht eine anerkennende Bemerkung gegenüber anderen. Ein „Stella ist ganz nett" oder auch nur „Stella hat nicht alles falsch gemacht" hätte ihr durchaus gereicht. Aber Stellas Wunsch ging nicht in Erfüllung. Im Gegenteil: Mutter bezeichnete sie immer nur als dumm, faul und gefräßig. Ein Leben ohne die geringste Anerkennung. Ohne Lob. Ohne Zuspruch. Ohne Trost. Vater lobte sie auch nicht. Sie musste wohl sehr dumm sein wenn sie alles falsch machte und keines Lobes wert war. Dachte sie damals. Jedenfalls bis sie etwa 10 Jahre alt war. Bis dahin war in ihren Augen alles was sie erlebte normal. Kein Kind kann verstehen dass sein Leben vielleicht nicht normal ist, denn es gibt keinen Vergleich. Jedes Kind kennt nur sein eigenes Schicksal und betrachtet es so, als sei das das Schicksal aller Kinder. Aber mit zehn, da sah Stella zum ersten Mal das wahre Gesicht ihrer Mutter. Fortan begab sie sich auf die Suche nach der Wahrheit. Denn das, was Mutter ihr ständig vorwarf, passte nicht zu dem was Stella empfand.

Mutter scheute keine Mühen um der Familie zu entgehen. Zudem pflasterte sie Vater mit Arbeit zu, damit er auch nichts mit Stella zu schaffen hatte, verschaffte ihm nebenbei ihren alten Teilzeitjob auf der Poststelle und beide verschuldeten sich auf Mutters Wunsch hin so hoch mit dem Kauf eines alten Hotels und seines Aus- und Umbaus, dass Vater gar nichts anderes übrig blieb, als tatsächlich zwei Jobs gleichzeitig zu bewerkstelligen. Mutter sorgte mit teurer Kleidung (ausschließlich für sie, denn nur sie musste im Büro gut aussehen), vollkommen überteuerten Geburtstagsfeiern, Theaterbesuchen (in neuer Kleidung), alle zwei Jahre einem neuen Auto und ähnlicher Prahlerei dafür, dass das Geld knapp und damit Vaters Abhängigkeit gewahrt blieb. Die Schulden drückten also weiter und Mutter sah sich gezwungen nebenbei an mehreren Abenden in der Woche in einer Abendschule Stenographie und Schreibmaschinenschreiben zu unterrichten. Sie verließ morgens um sieben Uhr das Haus und tauchte abends nachdem Stella von Vater ins Bett geschickt wurde wieder auf. Manchmal hörte das Mädchen sie kommen aber sie kam nie zu ihr ans Bett um nach ihr zu sehen oder Gute Nacht zu sagen. Und wenn sie mal nicht zur Abendschule ging musste sie die Arbeiten der Schüler korrigieren. Dazu positionierte sie sich mitten im Wohnzimmer und verbat sich jede Störung. Stella blieb daher nur noch das Schlafzimmer. Denn anfangs gab es nur diese beiden Zimmer.

Vater schickte Stella morgens in die Schule und verschwand dann in seinen Jobs, kam nach ungefähr zwölf Stunden wieder, musste dann noch die Abrechnung der Geschäftskasse, die Buchführung und diverse Bestellungen erledigen, schmierte eilends für Stella und sich selbst ein Butterbrot oder ein Rührei, dass sie gemeinsam verspeisten, schickte Stella anschließend ins Bett und wartete auf Mutter. Diese wenigen Minuten - nicht mehr als eine halbe Stunde - neben Vater am Tisch während des Abendessens waren ein Geschenk für Stella. Stella nahm seinen persönlichen Geruch wahr, sah seinen Händen beim Zubereiten der Rühreier zu und lauschte seiner Stimme. Manchmal wirkte er locker und humorvoll, fast schon liebevoll. Manchmal, wenn er ein Rührei machte, schlug er intensiv und fast lustvoll die Eier auf, fügte Mich hinzu, würzte und verquirlte alle Zutaten. Es war der einzige Moment, in dem er sich Zeit nahm. Später fragte sich Stella oft ob es an der Zubereitung der Mahlzeit (Mutter kochte Gott sei Dank sehr selten) oder an ihrer Gesellschaft lag. Aber sie fürchte, es lag nur daran, dass er ein paar Minuten für sich hatte, in denen er keinem Zeit- oder Machtdiktat unterlag. Aber nicht an ihr. Insbesondere dann nicht, wenn sie eine schlechte Note aus der Schule nach Hause brachte. Dann tobte Vater und das kostbare Abendessen fand nicht statt. Stella zerriss es das Herz weil die kostbarsten Minuten der Woche zerstört waren. Ein Gespräch über Stella, ihre Ängste und Sorgen oder ihre Wünsche gab es nicht. In dieser Routine des Sich-Aus-dem Weg-Gehens gab es genau zwei konstante Kontakte: Morgens steckte Vater den Kopf in Stellas Zimmertür und weckte sie und abends sagte er ihr wann es Zeit war ins Bett zu gehen. Und manchmal kamen die wenigen Minuten mit Vater beim Abendessen dazu.

Samstags stand Vater im Geschäft und Mutter übernahm für ihn die Poststelle. Danach blieb sie bei Vater im Geschäft; auf diese Weise konnte sie der Tochter aus dem Weg gehen und ihr den Wochenhausputz im Haus überlassen. Den brachte sie Stella gnadenlos bei als das Mädchen neun Jahre alt wurde. Zu diesem Zeitpunkt nahm Mutter eine andere Stelle in der Stadt an. Nicht, dass sie samstags im Geschäft mithalf: Sie saß nur in der Warteecke, las die Tageszeitung und unterhielt sich mit Kundinnen. Erst am späten Nachmittag kamen die Eltern heim. Eigentlich hätten sie nun Zeit füreinander gehabt aber häufig stritten sie und Stella gewöhnte sich an um diese Zeit in einer Ecke zu verschwinden um aus der Schusslinie zu sein. Eltern, die zu zweit insgesamt drei volle Jobs zu bewältigen hatten und unter ständigen Geldsorgen litten waren nun mal anstrengend. Zudem waren beide hochgradig mit den eigenen seelischen Verletzungen belastet mit denen Sie nie fertig wurden. Stella hatte also allen Grund unter dem Radar zu fliegen. Sonst entlud sich der Frust der Eltern an ihr. Sonntags morgens brauchte Vater wegen seiner Krankheit Zeit für sich und seine Körperpflege und Mutter korrigierte die letzten Arbeiten ihrer Abendschüler. Fehler anderer zu finden war nun einmal ihre Stärke und sie hatte sehr viel Freude daran. Am späten Vormittag bestand Mutter auf einem gemeinsamen sonntäglichen Frühstück, dass sie als Plattform für die ausführliche Darstellung ihrer beruflichen Erfolge nutzte. Vater hörte immer gespannt zu und zollte reichlich Anerkennung. Stella kam nicht zu Wort, hörte aber höflich zu um nicht aufzufallen. Anschließend besuchten die Familie bis zum Abend die Großeltern mit Tante und dem kränklichen Kusinchen. Auch nach ihrer Genesung erpresste sie jeden der nicht nach ihrer Pfeife tanzte mit ihrem lauten Gejapse nach Luft. Sicher hatte das in ihrer Krankheitsphase Berechtigung, leider verschlief sie und mit ihr die Erwachsenen um sie herum die Veränderung durch ihre Operation und die Tatsache, dass sie eigentlich erwachsen werden müsste. So schikanierte und bedrängte sie weiterhin alle Menschen in ihrer Nähe und wenn nichts mehr half, hockte sie sich auf den Boden und rang nach Luft. Das half immer. Und war ihr Pech. Sie entwickelte sich nicht weiter. Um ihr Pech noch zu steigern, starb ihr Vater kurz nach ihrer Operation. Stellas Vater übernahm wie gesagt die Vormundschaft. Das kostete Stella den Sonntag. Denn Sieglinde ließ nicht zu dass Vater beiden Mädchen vorlas oder mit beiden spielte. Manchmal schaute Stella durchs Schlüsselloch und sah sie auf Vaters Schoß sitzen während die beiden gemeinsam ein Buch lasen. Und empfand dabei körperlichen Schmerz. So stark, dass sie lieber ging und sich ablenkte. Sie hockte sich vor Tantchens Fernseher, lernte Bonanza und Shiloh Ranch kennen oder las ein Buch. Während Tantchen mit Mutter in Dutzenden von Kleiderkatalogen blätterte und haufenweise Bestellkarten schrieb. Und Vater mit Kusinchen spielte.

Ganze zweimal konnte Mutter nicht vermeiden, das die Familie gemeinsam Urlaub machte. Beim ersten Mal auf Grund einer Einladung der Eltern von Stellas französischen Brieffreundin. Es war ein Fiasko. Stellas Eltern sollten im Wohnzimmer auf der Ausziehcouch schlafen. Das ging nicht. Nein, nicht wegen Vaters Krankheit! Sondern wegen Mutters Rücken! Mutter rebellierte bis die Familie ihr eigenes Bett zur Verfügung stellte. Und auch sonst benahm sie sich ziemlich unmöglich. Die Brieffreundschaft endete danach. Zwei Jahre später bot Vaters Schwester der Familie ihre Ferienwohnung für eine Woche an. Und Vaters Mutter wollte die Familie begleiten. Stella vermute dass Großmutter einen Versöhnungsversuch machen wollte. Mutter konnte die Ausrede „Geld" nicht nutzen, denn die Wohnung kostete nichts. Also holten sie Großmutter ab und starteten durch. Ein noch größeres Fiasko! Mutter und Großmutter konnten nie gut miteinander, Mutter warf – welche Ironie – Großmutter vor eine Rabenmutter zu sein! Großmutter warf Mutter vor, kaltherzig zu sein! Und beide schimpften unentwegt. Stella spielte „Erkältung" und blieb bei den meisten Ausflügen mit einem Buch im Bett. Das war deutlich friedlicher. Der Streit der Mütter dauerte exakt eine Woche, bis sie Großmutter wieder zu Hause absetzten. Danach war das Thema Urlaub ein für allemal erledigt.

Stellas Einsamkeit verursachte ihr bisweilen körperliche Schmerzen. Der Bauch tat weh, das Herz krampfte sich zusammen. Mutter hatte zudem vorgesorgt dass Stella auch außerhalb der Familie keine Kontakte unterhalten konnte. Sie verbat Ihrer Tochter andere Kinder zu besuchen, ‚weil man das nicht macht wenn man nicht eingeladen ist' und sie verbat ihr Kinder mit nach Hause zu bringen, denn ‚schließlich sei sie berufstätig und könne nicht immer die Wohnung in tadellosem Zustand halten.' Als einmal eine Schulfreundin unaufgefordert bei Stella vor der Tür stand, rastete Mutter abends aus und vermöbelte die Tochter mit einem Drahtbügel aus der Reinigung. Mutters Tagesablauf war glücklicherweise gleichmäßig wie ein Schweizer Uhrwerk, sie kam nicht vor sechs Uhr nach Hause. Stella stellte einen Wecker und sorgte dafür das solche Überraschungen nicht mehr vorkamen. Im weiteren Familienkreis galt Stella auf Mutters kontinuierliche Beeinflussung hin als schwierig und dumm, was dazu führte dass niemand freiwillig den Kontakt zu ihr suchte. Auch hier herrschte Funkstille.

Manchmal wurde Stella im Dorf mit einem Umstand konfrontiert, den sie als Kind überhaupt nicht einordnen konnte. Auf dem Heimweg von der Schule begegnete sie einer Frau aus dem Ort, die Ärger mit Mutter hatte, was Stella aber nicht wusste. Sie grüßte höflich und wollte weitergehen. Die ältere Dame hielt sie an: „Ach, du bist die Tochter vom Friseur? Ach, nein, bist du ja nicht, denn da war dein Vater ja nicht da! Und ich hoffe dass du nicht so frech wie deine Mutter bist!" Jahre später verstand Stella was sie meinte: In dem Jahr in dem das Mädchen entstanden sein musste, befand sich Vater nahezu durchgängig in einer Klinik in Süddeutschland. Und die Nachbarschaft fragte sich wie das wohl passieren konnte das Mutter schwanger wurde. Vermutlich hat sich Vater die gleiche Frage gestellt. Später war Stella überzeugt dass ein Teil seiner Reserviertheit dieser Frage entsprang. Stella galt im Dorf als Kuckucksei und Bastard.

An Feiertagen war Mutter in Schwierigkeiten. Die Großeltern nahmen sich (meistens gemeinsam mit Tantchen und Kusinchen) etwas vor, Mutters Büro war geschlossen und Vater brauchte weder ins Geschäft noch in die Poststelle gehen. Mutters Lösung: Sie lud alte Bekannte ein! Das bedingte Tage zuvor einen intensiven Hausputz mit Mutters zahlreichen Wutausbrüchen weil Stella wieder mal nichts richtig machen konnte und die trickreiche Beschaffung von Kuchen und Speisen. Mutter hatte da ihre Quellen, eine Bekannte backte zwei teure Torten, eine andere kochte ein Drei-Gänge-Menü und brachte die fertigen Speisen vorbei, die Mutter dann nur noch erwärmen musste. Nach dem Essen ließ sie sich regelmäßig loben. Die Auswahl der Gäste war illuster, mal handelte es sich um Oberbaurat S, mit dem sie gearbeitet und mit dessen Frau sie sich angefreundet hatte, mal um Frau Dr. N., der sie die Freundschaft förmlich aufgedrängt hatte, mal um Frau A., ihre ehemalige Lateinlehrerin. Da blieb keine Zeit für Stella. Aber immerhin war der Feiertag gerettet.

Hätte Stella eine Stoppuhr zur Verfügung gehabt, mit der sie die Zeit gestoppt hätte die sie mit ihren Eltern verbracht hatte, so wäre sie im Durchschnitt ganz sicher unter einer Minute pro Tag geblieben. Und Mutter sorgte dafür dass es so blieb. Und das war nicht übertrieben.

Irgendwann wich der Scherz darüber der Freude. Die Abwesenheit ihrer Eltern bedeutete Zeit ohne Anschuldigungen und Beschimpfungen, kein schlechtes Gewissen und kein Leistungsdruck. Die Leistungen, die sie erbrachte, führten weder zu Lob noch zu Anerkennung. Sie verschafften ihr im günstigsten Fall Schutz vor den gefürchteten Schimpf-Tiraden der Mutter. Das Zusammensein mit der Familie war anstrengend und trotzdem von großer schmerzhafter Einsamkeit gekennzeichnet - wie unter einer dichten Glasglocke. Denn ein liebevolles Wort, einen Trost oder ein Lächeln gab es nicht. Vater und vor allem Mutter machten ihr klar dass sie weder erwünscht noch wert war, ein Teil ihrer Familiengemeinschaft zu sein. Das schmerzte Stella sehr und darum zog sie sich ebenfalls zurück, vermied so weit es ging Begegnungen mit den Eltern und schlug sich alleine durch Und weil es ihr so schlecht ging war sie gezwungen über sich, ihre Mutter, ihren Vater und generell über ihre Mitmenschen nachzudenken. Das tat sie und beschloss sich selbst zu erziehen. Mit einem klaren Ziel: Sie wollte keinesfalls so werden wie ihre Eltern. Nicht so boshaft wie Mutter und nicht so feige wie Vater.

Leise Zweifel an der Liebe und Aufrichtigkeit ihrer Eltern kamen ihr schon wesentlich früher. Das erste was Stella von Mutter erlebte war die Ablehnung die sie selbst durch die Menschen in ihrer Umgebung erfuhr. Ja, Sie haben richtig gelesen. Die erste Erfahrung, die Stella machte, war die Ablehnung durch fremde Menschen! Wie gesagt ist für jedes Kind seine eigene Welt Normalität, das Kind kennt nichts anderes. Die Art wie Eltern, Nachbarn, Freunde mit dem

Kind umgehen ist Normalität. Stellas Nachbarschaft war vom kleinsten Jungen bis zur ältesten Frau darauf getrimmt sie und ihre Mutter weitläufig zu umschiffen. Für Stella war genau das die Normalität. Also musste sie selbst wohl schrecklich sein wenn niemand etwas mit ihr zu tun haben wollte. Dachte sie. Mutter bestärkte sie in dieser Ansicht, versicherte ihr, sie sei bloß dumm, faul und gefräßig. Schließlich regten sich aber erste leise Zweifel an dem was Mutter ihr erzählte. Sie versuchte, Licht ins Dunkel ihrer Geschichte zu bringen indem sie immer wieder Gespräche mit ehemaligen Nachbarn und Bekannten ihrer Eltern führte. Die Erzählungen der Nachbarn waren diesbezüglich ebenso übereinstimmend wie eindeutig. Mutter konnte Mitleid erbetteln wie kaum einen andere Person. Dabei kam ihr zugute dass Vater krank war, eine Erkrankung die sich äußerlich manifestierte und nicht zu leugnen war: Morbus Bechterew. Schmerzhaft und unästhetisch. Für Mutter die perfekte Basis um andere Menschen auszunutzen. Mal ging es um Unterstützung im Haushalt oder, wenn Besuch anstand, das Kochen, was Mutter bis zu ihrem Tod nicht beherrschte und auch nie gerne machte. Stets fand sie Opfer, die ihr aus falsch verstandener Nächstenliebe Hilfe gewährten. Was keinesfalls dazu führte, dass Mutter diese Helfer und ihre Leistung respektierte. Ganz und gar nicht. Oft genug zog sie über die Kochkünste der Nachbarin her, mokierte sich über versalzene, zerkochte, mitunter ihrer Meinung nach ungenießbaren Speisen her, bezeichnete Vaters Freund, der Unterstützung in Haus und Garten bot, als Schmarotzer und schimpfte über ihn, weil er nach

Monaten, in der Mutter die Wohnung der Verwahrlosung anheim gegeben hatte bei ihr putzte und aufräumte. Was sie als scharfe Kritik auffasste.

Nach Stellas Geburt ging die Sache zunächst noch gut, Mutter überzeugte Vaters Tante, sie ein paar Tage nach Stellas Geburt zu unterstützen. Mutter wollte nur den Monat bis zum Ende, also etwa zwei Wochen, durcharbeiten und dann kündigen, denn Mutterschutz gab es damals noch nicht. Aus den paar Tagen wurden vier Monate und zwei Wochen. Mutter arbeitete bis zum Ende des Jahres und überlies Tantchen in ihrer dreisten Art nicht nur die Tochter sondern auch den gesamten Haushalt. Dann wurde es Tantchen mit Recht zu bunt und sie verschwand für immer. So jedenfalls lauteten die Erzählungen der ehemaligen Nachbarn und Bekannten. Stella hatte man diese Dinge verschwiegen. Es gab keinen Grund sie damit zu behelligen denn das Verhältnis zwischen Mutter und Tantchen war derart zerrüttet, dass jeder Kontakt von beiden Seiten abgebrochen wurde. Stella lernte diese Frau, die sie in den ersten Monaten ihres Lebens betreut hatte, ein einziges Mal zufällig auf einer Geburtstagsfeier der Großmutter kennen, ihre gemeinsame Geschichte war ihr zu diesem Zeitpunkt nicht bekannt. Erst als Vater starb und Stella die Hinterbliebenenrente für ihre Mutter beantragen sollte, entdeckte sie, dass Mutter bei ihrer Geburt tatsächlich ihre Arbeit nicht gleich aufgegeben hatte. Stella war sich sofort darüber im klaren, dass sie Tantchen eine Menge zu verdanken hatte. Denn sie war nicht sicher ob sie in Mutters Obhut überlebt hätte. Und es tat ihr sehr leid dass sie diese Frau nie näher kennengelernt hat. Mutter war ausgesprochen erfinderisch wenn es darum ging die Betreuung ihrer Tochter elegant zu umschiffen. Mal packte sie Stella in den Kinderwagen, trat auf die Straße, drückte dem erstbesten Nachbarskind den Kinderwagen in die Hand und verschwand. Mal musste eine Nachbarin dran glauben weil Mutter angeblich nach Vater sehen musste. Und Mutter sah keine Veranlassung, ihre Tochter wieder abzuholen. Oft genug wurde das Kind spät abends zurück gebracht obwohl Mutter seit Stunden wieder zu Hause war. Mit der Zeit gingen die Menschen aus der Nachbarschaft dem Mädchen aus dem Weg. Nicht, weil Stella nicht nett war sondern weil sie nicht die Verantwortung sie übernehmen wollten. Für Stella selbst sah die Sache ganz anders aus: Mutter schien tatsächlich mit der Einschätzung von Stellas Person recht zu haben, sie war eben doch nur dumm, faul und gefräßig. Denn niemand mochte sie und alle mieden sie. Zusätzlich gab es da noch etwas, dass sie merkwürdig fand: Je mehr sie die Gesellschaft ihrer Mutter suchte desto mehr entfernte die sich von ihr. Und ihr Kopf sagte ihr: „Es liegt an mir. Ich bin schrecklich!"

Gewissheit ist Verdacht ohne Hoffnung

Stella war vier. Das jedenfalls hatte später die Nachbarin gesagt. Es war ein warmer Sommertag und Stella spielte im Garten. Dann musste sie dringend zur Toilette. Aber die Haustür war verschlossen und auf ihr Klingeln öffnete niemand. Mutter war nicht da. Vater auch nicht. Stella lief zu den Nachbarn, die waren auch nicht da. Die auf der anderen Seite auch nicht. Zweimal versuchte sie es nochmal bei den Nachbarn. Es war niemand da. In ihrer Not hockte sie sich unter die Tanne vor dem Nachbarhaus. Aber es war schon zu spät. Sie hatte in der Aufregung vergessen, die Unterhose herunter zu ziehen. Die ganze Sache ging buchstäblich in die Hose. Stella ging zurück in den eigenen Garten, zog die Hose aus und breitete sie auf dem Rasen in der Sonne aus um sie trockenen zu lassen. Mutter kam erst abends wieder zurück als die Hose schon wieder trocken war. Stella erzählte Mutter die ganze Geschichte, die tobte weil Stella doch eigentlich viel zu alt war um in die Hose zu machen und sich statt dessen wie ein Wickelkind benahm. Und Mutter musste die Hose waschen. Stella weinte. Es tat ihr leid dass sie Mutter so viel Arbeit und Ärger bereitete und sie hatte ein schlechtes Gewissen wegen der Tanne der Nachbarn. Am nächsten Tag ging sie rüber und entschuldigte sich bei ihnen. Die Nachbarin begrüßte Stella und gab ihr ein Glas Limonade. „Der Tanne macht das nichts aus und außerdem ist es nicht deine Schuld," lächelte die alte Dame und strich Stella über den Kopf. „Du bist zwar schon vier Jahre alt aber du bist eben noch nicht erwachsen. Darum ist es die Aufgabe deiner Mutter auf dich aufzupassen bis du alt genug bist das selbst zu tun. Sie passt aber nicht gut auf dich auf. Darum ist es nicht deine Schuld." Stella hatte schon wieder ein schlechtes Gewissen, diesmal weil sie mit der Nachbarin so schlecht über Mutter gesprochen hatte. Und doch blieb ein Schatten auf dem ansonsten makellosen Image dass Mutter bei Stella damals noch hatte. Und der verursachte ihr regelrecht Bauchschmerzen.

Und dann war da noch dieser verregnete Herbsttag. Mutter saß im Sessel und las, Stella befahl sie nach draußen zu gehen und im Garten zu spielen. Stella hatte wahrhaftig keine Lust im Regen herum zu spazieren und bat Mutter bleiben zu dürfen. Aber Mutter wurde sauer. Trotzdem weigerte sich Stella und fügte schließlich hinzu: „Ich möchte lieber bei dir bleiben!" Sofort fühlte sie sich schlecht denn sie hatte eiskalt gelogen und das dringende Bedürfnis diese Lüge wieder zurück zu nehmen. Aber Mutter ließ sich erweichen. Stella durfte in der Wohnung spielen. Also schwieg sie. Aber sie wusste nun dass sie Mutter eigentlich nicht mochte.

Vater ging es gesundheitlich schlechter. Er konnte nicht mehr viel arbeiten und weil er selbständig war, fehlte das Geld im Haushalt. Mutter stritt oft und laut mit ihm, immer ging es darum dass Mutter den Beruf an den Nagel gehangen hatte und nicht mehr arbeiten ging. Schuld war natürlich Stella, wäre sie nicht geboren gäbe es gar kein Problem. Zeitlebens wies sie Stella darauf hin, dass sie ihr ja noch fünf Jahre ihres

Lebens schulde, da sie in dieser Zeit nicht arbeiten gehen konnte. Später ergab die Berechnung von Mutters Hinterbliebenenrente knappe drei Jahre, in denen sie nicht gearbeitet hatte. Wenn Stella nicht da wäre, schlussfolgerte Mutter, wäre alles gut. Aber wo sollte Stella hingehen? Und wie hätte sie ihre Existenz verhindern können? Zum ersten Mal bemerkte sie das zornige Gesicht der Mutter, das an besonders schlimmen Tagen von Mutters unbändiger Wut bis zur Fratze verzerrt war. Dann ging sie ihr lieber aus dem Weg denn sie vertraute ihr nicht mehr. Auch weil Mutter bisweilen die Hand ausrutschte und sie Stella eine Backpfeife fasste. Glücklicherweise drückte sich Mutter sowohl vor dem eigenen Haushalt als auch vor Stella, in beiden Fällen um die Arbeit damit zu vermeiden. Zunächst unterstützte Mutter Vater im Geschäft, sie stand an der Kasse, palaverte mit Kunden und Stella spielte in der Warteecke. Mutter stritt häufig mit Vater über geschäftliches, Mutter war in diesen Dingen von bemerkenswerter Ahnungslosigkeit, versuchte aber hartnäckig Vater in ihrem Sinne zu beeinflussen. Vornehmlich um Vaters hart verdientes Geld in diverse Anschaffungen von zweifelhaftem Nutzen zu stecken. Schließlich musste sie dazu verdienen und übernahm eine kleine Poststelle, womit sie nicht gut zurecht kam. Die strengen Vorschriften waren nicht ihr Ding, zudem war sie hier nicht in der Lage, die Verantwortlichen zu beeinflussen. Morgens fuhr sie Stella in den Kindergarten, mittags sperrte sie sie im Haus ein und erklärte ihr dass sie keinesfalls die Kerzen anmachen sollte, die auf der Kommode standen und auch nicht mit den Streichhölzern spielen sollte, die daneben lagen. Nach dem postalischen Flop setzte Mutter alle Hebel in Bewegung damit Stella schon mit fünf Jahren eingeschult werden konnte. Jetzt konnte sie nämlich endlich wieder eine Arbeit suchen. Der Mangel an Arbeitskräften machte es möglich dass Mutter wieder etwas fand. Sie arbeitete als Sekretärin in einem Baubüro. Der auf dem Bau übliche Alkohol erklärte nur unzulänglich die Unschärfen, die Mutter bei der Arbeit an den Tag legte, sie durfte trotzdem bleiben und war den ganzen Tag weg. Also befahl sie Stella sich nach der Schule bei Vater im Geschäft zurück zu melden, dann ins Haus zu gehen und die Hausaufgaben zu erledigen. Zusätzlich trug sie ihr auf das Geschirr zu spülen, dass in der Spüle stand, ‚dann werde ihr auch nicht langweilig‘. Nicht einfach, wenn man gerade mal fünf und die Spüle sehr hoch war. Stella holte den Hocker aus dem Badezimmer und stellte sich darauf. Dann passierte es: Stella trat versehentlich daneben, krachte auf den Boden und riss zwei Tassen mit, die klirrend zerbrachen. Mutter war abends nicht begeistert, verteilte zwei schallende Ohrfeigen auf Stellas Wangen weil sie die Scherben nicht ordentlich beseitigt hatte. Die Schnittwunde an Stellas Finger übersah sie geflissentlich. Allmählich begriff Stella dass auf Mutter kein Verlass war und sie sich um sich selbst kümmern musste. Auch, weil Mutter vollkommen vergass das Stella möglicherweise Hunger hatte wenn sie aus der Schule kam. In all den Jahren hatte Mutter kein einziges mal dafür gesorgt dass etwas zu Essen bereit stand wenn Stella nach Hause kam. Schmerzhafter als das Knurren ihres Magens war nur die Einsamkeit.

Die tat reichlich oft körperlich richtig weh. Dann kamen die ersten Ferien. Und Mutter hatte eine Idee. Sieglinde brauchte dringend Spielkameraden, sie hatte aus gutem Grund keine Freunde oder Klassenkameraden die sich mit ihr abgaben. Kurzerhand schickte Mutter Stella in den Ferien zu ihrer Kusine. Ein Alptraum. Stella wehrte sich nach Kräften aber die Sache war hoffnungslos: Mutter fuhr Stella hin, stellte sie mit ihrem kleinen Koffer ab und verschwand. Mutter war nicht die Person die sie vertrauen konnte und die sich um sie kümmerte.

Das Weihnachtsdrama

Niemand hatte Stella gesagt das Nikolaustag war. Und wer Nikolaus überhaupt war. Entsprechend unvorbereitet traf sie der Anblick des alten bärtigen Mannes, der sich, eine lange Rute in der Hand haltend, über sie beugte und nach einem Gedicht fragte. Stella kannte keines. Sie wusste nicht mal was das war. Sie war ja nicht mal in der Schule. Vor lauter Angst begann sie zu weinen. Nicht nur aus den Augen. Sie machte auch noch in die Hose. Der alte Mann zog sich eilig zurück nachdem er Stella eine Tüte mit Gebäck und Mandarinen übergeben hatte. Mutter lachte Tränen über Stellas Angst und konnte sich nicht mehr beruhigen. Ganz unbemerkt hatte sich neuerdings Häme in ihr Lachen gemischt. Dieses hämische Lachen brannte sich ganz tief in Stellas Gedächtnis. Sie würde es nie wieder vergessen. Aber sie konnte verhindern dass es allzu oft passierte. Sie beschloss, Mutter nicht mehr zu zeigen wenn sie Angst hatte. Es war ein sehr langer und schwieriger Weg und schließlich zeigte sie gar keine Angst mehr. Sie vertraute auch niemandem mehr.

Wie jedes andere Kind freute sich Stella auf Weihnachten. Die Kinder in der Schule sprachen über ihre Wünsche, darüber, dass Großeltern oder Tanten und Onkel über die Feiertage zu Besuch kamen und Geschenke mitbrachten, andere Verwandte Pakete und Päckchen mit Geschenken schickten. An den Feiertagen würde man mit der Familie an opulenten Festtafeln sitzen und feiern. Sie hatte sich eine Schlafpuppe gewünscht. Eine, die die Augen schloss wenn man sie hinlegte. Nahm man sie wieder hoch, öffnete sie die Augen wieder. Sie bekam statt dessen ganz pragmatisch neue Schuhe. Und Strumpfhosen. Sonst nichts. Stellas Enttäuschung quittierte Mutter mit dem Hinweis darauf das sie damals als sie ein Kind war auch keine Schlafpuppe gehabt habe. Und dass sie nicht einmal neue Schuhe bekommen hätte. Und dass die Kinder in Afrika auch keine Schlafpuppe gekommen würden. Stella suchte Trost bei Vater und setzte sich ganz nah neben ihn auf die Couch. Mutter, die noch eifersüchtiger wurde, schickte das undankbare Kind ins Bett. Stella, die Rettung in den Augen des Vaters suchte, wurde auch hier enttäuscht. Er sah sie nicht an. Sie hatte keine Wahl. Sie verbrachte Weihnachten alleine im Bett. Nie wieder vergass sie diese Nacht in ihrem alten Schlafanzug, die Decke über den Kopf gezogen um die Stimmen der Eltern nicht mehr hören zu müssen, den Teddybär fest im Arm, der als einziger Trott spendete. Auch wenn es nicht reichte. Sie hatte wieder in die Hose gemacht.

Ein paar Jahre später bekam Stella auch noch die Aufgabe, das Weihnachtsfest selbst vorzubereiten. Von da an liefen die Weihnachtsfeste nach einem festen Spielplan, der sich über viele Jahre nicht änderte. Wie ein Drama im Theater. Eine Art Weihnachtsspiel der besonderen Art. Morgens musste Stella putzen, Mutter hatte wie immer keine Zeit dafür, dann den Christbaumschmuck aus dem Keller holen und den Baum schmücken, den Vaters Freund tags zuvor gebracht und aufgestellt hatte. Mutter fand den Baum natürlich immer hässlich weil er mit zu vielen Kugeln oder den Kugeln in der falschen Farbe geschmückt war und Stella einfach keinen Geschmack hatte. Vater kam wie immer Mutters Meinung nach zu spät nach Hause, also musste sich die Familie beeilen um in den Gottesdienst zu gehen. Mutter hörte meist erst auf zu schreien wenn sie auf dem Parkplatz vor der Kirche die Autotür öffnete. Die neunzig Minuten in der Kirche waren die reinste Erholung. Mutter strahlte in ihrem außerordentlich teuren Pelzmantel mit den Kerzen am Weihnachtsbaum um die Wette und die Tatsache dass vorne der Pfarrer die Predigt hielt, zwang sie zu schweigen. 90 Minuten Erholung und Ruhe. Trotzdem war die Zeit war zu kurz denn im Anschluß fuhren sie zu den Großeltern, wo auch Tante und Kusine lebten. Sieglinde beherrschte wie immer die Handlung, gefolgt von Großvater, der irgendeinem systemimmanenten Ablauf folgte der ausschließlich ihm bekannt war, beginnend mit seiner schwulstigen Weihnachtsansprache, gefolgt von Tantchens Festmahl, dass Stella genoss; nach der mangelhaften Versorgung zuhause eine Wohltat. Schließlich die Bescherung. Sieglinde bekam wie immer die tollsten Weihnachtsgeschenke. Von Tantchen, von den Großeltern und von Stellas Eltern. Ein großes Puppenhaus mit vielen Möbeln, eine ganzen Puppenfamilie mit Kinderwagen fürs kleine Baby, mehrere Gesellschaftsspiele. Und von Stellas Eltern ein Fahrrad. Stella bekam ein Buch und einen Pullover. Und sie durfte natürlich nicht mit Sieglindes Sachen spielen. Stellas Enttäuschung gehörte ebenso zum Ablauf wie ihre schmerzhafte Einsamkeit, wenn alle um die Kusine herum saßen und mit ihr spielten. Selbstverständlich ohne Stella. Spät am Abend geht es wieder nach Hause, drei vollkommen erschöpfte Menschen, deren Erwartung an Weihnachten schon durch die hoffnungslos überfrachtete Organisation der Feierlichkeiten zunichte gemacht wurden. Wer möchte schon zur Schlafenszeit eine zweite Bescherung durchziehen, alles unter Zeitdruck, alles unter der Prämisse Mutter nicht zu verärgern, wobei das ein schier unmögliches Unterfangen war. Zu Hause, unter dem Weihnachtsbaum, muß Stella die Weihnachtsgeschichte vorlesen. Die Mischung aus Aufregung, Angst vor dem Versagen und Müdigkeit ließ sie stottern. Einmal hatte sie sich verhaspelt, brach ab und versuchte es nochmal. Aber es war zu spät. Mutter war außer sich. Weil sie, wie sie betonte, sich mit dem Weihnachtsfest alle Mühe gegeben hatte, Stella aber nicht mal ein paar Sätze richtig aufsagen konnte. Sie nahm das Päckchen, dass Stella in Vaters Auftrag in der Stadt besorgt hatte und warf es auf den Boden. Der Inhalt zersplitterte hörbar. „Da siehst du was du angerichtet hast," schrie Mutter, verschwand im Schlafzimmer und kam erst am nächsten Morgen wieder heraus. Die einzige Abwechslung im Weihnachtsspiel bestand darin, dass sie manchmal Stella ins Bett schickte und manchmal ging sie selbst ins Bett. Fest stand allerdings in jedem Fall, dass es kein Weihnachtsfest ohne Streit gab und kaum eines das gemeinsam bis zum Ende gefeiert wurde. Am nächsten Morgen warf Mutter ihrer Tochter die Geschenke zu, nach besonders schlimmen Abenden auch unter wüsten Beschimpfungen. In der Regel handelte es sich um Dinge, die Geld sparten, etwa Kleidung oder Schuhe für Stella, oder Dinge, die Mutter gerne haben wollte und kurz nach den Feiertagen an sich nahm.

Dämliche Geschenke an Weihnachten gehörten für Mutter eben zum System. Im Jahr der Mondlandung 1969 kauften Stellas Eltern den ersten Fernseher um an diesem Ereignis teil zu haben. Der Fernseher wurde in Stellas Zimmer aufgestellt, weil er stilistisch nicht ins Wohnzimmer passte, Mutter hatte kurz vorher antike Stilmöbel gekauft, die jetzt zur Geltung kommen mussten. Zudem fehlte der Platz für eine Kommode in der richtigen Höhe. Außerdem lag in Stellas Zimmer schon das Antennenkabel, denn das Zimmer war bis zum Vormonat an einen Untermieter vermietet worden, der schon einen Fernseher besessen hatte. Er konnte die Streitereien der Eltern nicht mehr ertragen, ergriff die Flucht und zog in den Nachbarort. Seitdem durfte Stella, die bisher im elterlichen Schlafzimmer übernachtet hatte, in diesem Zimmer schlafen. Die Einrichtung, bestehend aus Schlafcouch, Kleiderschrank, Kommode, Tisch und Sessel im Stile des Gelsenkirchener Spätbarocks und war ebenso wenig gemütlich wie die Beleuchtung durch eine gleißend helle Deckenlampe, die sich, je nach Sitzposition des Betrachters im Fernseher spiegelte. Also musste eine neue Wandlampe her. Die bekam Stella zu Weihnachten geschenkt, so, dass sie sich nicht im Fernseher spiegelte, aber auch so, dass sie nicht anders zu verwenden war. Schon gar nicht für Stella.

Als in den siebziger Jahren Frotteebettwäsche der letzte Schrei in Deutschlands Schlafzimmern wurde, bekam Stella gleich zwei Garnituren mit dem gleichen Muster geschenkt. Damals wunderte sie sich - bis zu dem Zeitpunkt als Mutter ihr nach ein paar Tagen mit falschem Lächeln erklärte: „Warum sollen die Sachen denn ungenutzt im Schrank liegen, du nutzt sie ja sowieso noch nicht!" Und die Bettwäsche kurzer Hand auf die elterlichen Betten wanderte. Die einzige Frage die Stella blieb war die, was Mutter wohl die größere Freude bereitet hatte: Die Tatsache dass sie Profit aus Stellas Geschenken schlagen konnte oder die Enttäuschung in Stellas Gesicht. Aus dem Verdacht oder besser: der Antipathie gegen ihre Mutter war an diesem Tag traurige Gewissheit geworden: Mutter hatte eine sadistische Freude an Stellas Leid. Sie musste also vorsichtig sein, noch weniger Gefühle zeigen, unter dem Radar fliegen. Zm ersten Mal empfand sie Mutter als einen Feind.

Der Höhepunkt der Weihnachtsspiele kam am zweiten Weihnachtsfeiertag. Da ging es wieder zu den Großeltern und zu Tantchen und Kusine. Diesmal mit einem Koffer für Stella. Sie musste den Rest der Weihnachtsferien als Spielkameradin für Sieglinde herhalten. Die hatte sich aufgrund der Umstände zu einem Monster entwickelt. Niemand wagte ihr zu widersprechen oder ihr Grenzen aufzuzeigen. Stella war ihr ausgeliefert. Die Aufgaben, die die Mädchen gemeinsam erledigen sollten, erledigte Stella alleine, Sieglinde sah zu. Sie spielten Spiele, die Sieglinde mochte und die sie immer gewann. Wehe, wenn nicht.

Und wenn Stella die Nase voll hatte, keuchte Sieglinde und Stella bekam eine Abreibung von Tantchen oder Großvater. Stella war regelrecht dankbar dass Anfang Januar die Schule wieder begann. Bis auf ein Jahr: Gleich am ersten Tag mussten die Kinder einen Aufsatz als Hausaufgabe schreiben: ‚Mein schönstes Weihnachtserlebnis.' Katastrophe. Das schönste Erlebnis war zweifellos, das die Weihnachtsferien irgendwann zu Ende waren. Aber das konnte sie nicht schreiben. Statt dessen erfand sie eine spannende Geschichte über Kinder, mit denen sie ein Schlittenrennen machte. Ein paar Tage später teilte der Lehrer die zuvor eingesammelten und beurteilten Hefte wieder aus. Stella war entsetzt. Der Kommentar des Lehrers bestand aus drei Worten, die er riesengroß quer auf das letzte Blatt geschrieben hatte: „Warum lügst du?" Darunter stand die Note: „6". Die Eltern mussten die Benotung unterschreiben. Vater sagte kein Wort, schimpfte nicht über die Note sondern unterschrieb stumm und schob Stella das Heft wieder hin. Obwohl sein Geschrei über schlechte Schulnoten seine Paradedisziplin war. Vielleicht war er froh dass Stella nichts von der Realität preis gegeben hatte.

Vater war sehr gebildet, las viel und verfügte über umfangreiche Literatur. Als Stella lesen und schreiben lernte, fand sie - vielleicht aus Langeweile in ihrer Wohnzimmer-Gefängniszelle - Vaters Bücher spannend, zunächst die mit den vielen Bildern, später die mit viel Text. Sie begann zu lesen, fraß sich durch Trivialliteratur ebenso wie durch Klassiker und Fachliteratur. Eine vollkommen neue Welt öffnete sich ihr, eine, die sie nicht für möglich gehalten hatte und die sie neugierig machte. Sie lachte über Spoerls Maulkorb und Heinz Erhards Gedichte. Später schwitzte sie über Buddenbrooks und weinte über Camus´ Monpti. Sie las über Geschichte und Religion, die Entstehung der Erde aber auch über von Dähnekens Theorien. Sie seufzte über Platos ‚Sokrates im Gespräch' und Caesars Ansichten über Gallica. Vieles verstand sie falsch oder gar nicht. Aber jedes Buch bescheinigte ihr die Tatsache, dass es etwas anderes gab als dieses kalte Haus und die Schule, es entführte sie in eine neue Welt, die sie neugierig machte und ihren Wusch nach Kennen- und Verstehen-Lernen verstärkte. Bücher waren mehr als nur Papier mit schwarzen Zeichen. Sie waren das Tor zur Welt. Bücher haben Stella seither nie wieder losgelassen und begleiteten sie bis heute. Bücher verschafften ihr einen gewissen Ausgleich zu der Erziehung die sie nie erhalten hatte. Und das Wissen dass sie vermittelten verschafften ihr ein tieferes Verständnis der Welt, was ihr wiederum Sicherheit und ein leichteres Umgehen mit Umständen und Personen gab. Es machte sie weniger beeinflussbar und sicherer in ihren Urteilen.

Und noch etwa hatte Stella Mutter zu verdanken: Das Erlernen von Fremdsprachen. Denn ohne ausgeprägte sprachliche Kenntnis ist die beste Erkenntnis nicht viel wert, denn sie kann nicht geteilt werden. Irgendwann haperte es mit Stellas Englischnoten im Zeugnis. Mutter fühlte sich in ihrer Meinung über den geistigen Zustand ihrer Tochter bestätigt, Stella war und blieb in ihren Augen dumm, faul und gefräßig. Stella versprach Besserung, kaufte ein englisches Kinderbuch auf dem Flohmarkt, übersetzte es in vier Monaten ins Deutsche und brachte alles mit der uralten mechanischen Schreibmaschine ihres Großvaters zu Papier. Ein Wahnsinns-Arbeitsaufwand! Jede freie Minute verbrachte sie an ihrem Schreibtisch, traf kaum Freunde und zog das Vorhaben diszipliniert durch. Trotz aller Mühen und arbeitsreicher Nächte wurde sie nicht gänzlich fertig.

Es fehlten die letzten drei Seiten des Buches obwohl sie bis zur letzten Minute daran geschrieben hatte. Dann kam der große Moment: Mutter wickelte unter dem Weihnachtsbaum die Übersetzung aus, bemerkte das unfertige Ende und warf vor den Augen ihrer Tochter den Ordner in den Papierkorb: „Ich nehme keine unfertigen Geschenke an," war ihre Begründung, die mit eisiger Sprache noch lange in den Ohren der Tochter nachklang. Vater sagte wie immer nichts. Er hielt sich wie immer aus allem heraus. Stella beherrschte sich, zeigte keine Reaktion und bemühte sich ihre Mimik unter Kontrolle zu halten. Von da an besorgte sie ausschließlich Geschenke für Mutter, die mit minimalem Aufwand zu besorgen waren. Manchmal auch solche die sie hässlich oder unangebracht fand. Oder von denen sie wusste dass Mutter sie nicht gebrauchen konnte. Es waren sowieso immer die falschen.

Born to fail

Geboren um zu scheitern. Das war Mutters Lebensplan für Stella. Mutters war erst zufrieden wenn Stella scheiterte. Je schlimmer desto besser. Ihr Lieblingsspruch „Du bist dumm, faul und gefräßig," war ihr in Fleisch und Blut übergegangen. Immer fand sie einen Anlass Stella diese Worte ins Gesicht zu schleudern. Als sie noch ein kleines Kind war glaubte Stella was Mutter sagte und bemühte sich nach Kräften, besser zu werden. Und lernte etwas wichtiges: Organisation. Morgens vor der Schule die Waschmaschine anstellen, mittags Wäsche aufhängen. Am nächsten Morgen falten oder bügeln. Den fertigen Wäschekorb im Keller lassen, dann merkt Mutter nicht, dass alles schon fertig ist. Dann spülen und aufräumen. In der Zwischenzeit kann das Geschirr schon mal trocknen. Rechtzeitig vor Ostern, im Sommer und Herbst und vor Weihnachten Gardinen waschen und Fenster putzen. Mutter hat nie bemerkt dass beides schon fertig war bevor sie den Befehl dazu erteilt hatte. Es war ihr egal. Es kam ihr nicht darauf an dass Fenster und Gardinen sauber waren sondern dass sie die Befehle dazu geben konnte. Hätte sie sich die Fenster und Gardinen angesehen und festgestellt, dass sie schon sauber waren, hätte sie Stella zusätzliche Aufgaben gegeben. Angeblich sollte Stella dadurch ihr Taschengeld verdienen. Aber Mutter fand Genugtuung darin, die Arbeit ihrer Tochter akribisch zu inspizieren, quälend langsam schritt sie von Zimmer zu Zimmer, wischte mit dem Finger über die Möbelstücke und prüfte ob noch Staub darauf lag. Sie blickte in jede

Ecke, murmelte bisweilen dass das eine oder andere besser sein könnte, prüfte jedes Stück Stoff, stieg auf die Leiter und prüfte ob noch Staub auf dem Wohnzimmerschrank lag und fand immer Dinge, die nicht ordnungsgemäß erledigt worden waren. Darum verweigerte sie die Zahlung. Jahrelang. Mal vergaß Stella die Querstreben der Stühle abzustauben, mal hatte sie ein Wäschestück nicht schön genug gebügelt, mal die Fenster nicht gut genug geputzt oder die Gardinen nicht ordentlich aufgehängt. Stella geriet trotz aller Planung mächtig unter Druck. Mutters Häme wurde immer unerträglicher wenn sie etwas fand das sie Stella vorwerfen konnte. Irgendwann begann Stella an ihrem eigenen Kopf zu zweifeln und wurde von Mal zu Mal unsicherer. Immer wenn sie glaubte dass sie alle Aufgaben erledigt hatte, erklärte Mutter dass sie die eine oder andere Aufgabe noch nicht gemacht habe. Es war zum verrückt werden. Allmählich verlor Stella ihre Skrupel. Sie fragte Mutter nicht mehr nach der vereinbarten Bezahlung. Darüber schien Mutter froh zu sein, die Kritik an Stellas Arbeit ließ nach und damit ließ sich ein weiterer Kontakt zu Mutter vermeiden. Die gute Planung verschaffte ihr Zeit, nach der Schule verschwand sie heimlich und tauchte pünktlich vor Mutters Rückkehr erst wieder auf. Mutter war freundlicherweise pünktlich wie ein Uhrwerk, sie kam nicht gleich nach der Arbeit nach Hause sondern verschwand abends erst einmal in Vaters Geschäft um dort die Zeitung zu lesen oder zu schwatzen. Erst wenn Vater sein Geschäft frühestens gegen sechs Uhr schloss, betrat sie gemeinsam mit ihm die Wohnung und entschuldigte sich bei ihm weil sie ja aus zeitlichen Gründen nichts gekocht hatte. Stella blieb also die Zeit zwischen Schule und sechs Uhr abends. Abzüglich der Zeit die sie braucht um alle Aufgaben, die sie morgens begonnen hatte zu Ende zu bringen. Da mussten die Hausaufgaben manchmal dran glauben.

Oft musste Stella aber auch noch in Vaters Geschäft helfen, räumte dort auf, putzte, kassierte. Ohne murren. Obwohl für sie keine Zeit mehr blieb. Aber weder Mutter noch Vater brachte ein Lob über die Lippen. Kein Wort der Anerkennung. Im Gegenteil. Je mehr sich Stella bemühte desto unwirscher wurde Mutter. Und jedesmal hatte sie die passende Kritik parat. Akribisch schrieb Stella alle Aufgaben auf, die sie erledigen sollte. Als sie Mutter mit ihren Notizen konfrontierte, erklärte die ungeniert, sie habe das doch später noch hinzu gefügt. Dann bekam Stella ihren ersten Kassettenrekorder, mit Mikrofon und reichlich leeren Kassetten. Und sie kam auf die Idee die Gespräche mit ihrer Mutter aufzuzeichnen. Geschickt fragte sie vor ihrer Zimmertür nach den Aufgaben die sie erledigen sollte. Derweil nahm heimlich der Rekorder das Gespräch auf. Später bemängelte Mutter dass sie die Küchenschränke nicht ausgewaschen hatte. Stella kontrollierte die Aufnahme - von Küchenschränken war nicht die Rede. Sie habe ihr das später telefonisch mitgeteilt, behauptete Mutter als Stella ihr das Band vorspielte. Mutter log ausgesprochen schamlos und überzeugend aber sie überzeugte Stella nicht mehr. Stella fühlte sich hintergangen und ihren Lügen ausgeliefert. Mutter sorgte auf diese Weise sehr ehrgeizig dafür das Stella permanent scheiterte. Und wenn Stella nicht gescheitert war, erfand Mutter etwas dazu. Ohne Unterlass. Jede Woche. Stella hatte keine Chance. Statt dessen nutzte Stella die freien Nachmittage, gab Nachhilfeunterricht, trug Zeitungen aus, putzte Büros, stand am Fließband und verdiente Geld. Und gab nicht auf. Auch wenn ihre Bemühungen ausgesprochen anstrengend waren. Machte Abitur. Wollte studieren. Aber das wollte Mutter natürlich nicht. Sie hätte in diesem Fall Stellas Aufgaben im Haushalt übernehmen müssen. Also nahm sie Vaters Erkrankung als Vorwand, lamentierte darüber dass das Überleben der Familie wegen Vaters Erkrankung gefährdet sei und zwang Stella nach dem Abi eine Ausbildung in Vaters Geschäft zu machen. Beglückwünscht hat sie sie zum bestandenen Abitur auch nicht. Das sei ja wohl selbstverständlich, denn sie habe ja auch einen Vater. Da sei das ja alles ganz einfach. Dann feierten sie in einem Restaurant Sieglindes Abitur. Nur Sieglindes Abitur. Stella litt unsäglich. Am liebsten hätte sie geheult. Aber sie wollte Mutter nicht zeigen wie verletzt sie war. Die hätte sich nur gefreut. Aber Mutter hatte noch ein Ass im Ärmel: Sieglinde durfte auf Mutters Kosten 1 Jahr in den USA studieren.

Stella hatte Erfolg in Vaters Geschäft. Sie akquirierte neue Kunden, veränderte die Planung und die Arbeitszeiten um sie lukrativer nutzen zu können. Aber das war laut Mutter selbstverständlich nur Zufall. Soviel war klar. Weil in Mutters Vorstellung Stellas Erfolge immer nur Zufall waren. Schließlich war ihre Tochter ja nur dumm, faul und gefräßig. Die konnte keine Erfolge haben. Die durfte keine Erfolge haben. Sie hielt eisern am Versagen ihrer Tochter fest. Bis zu ihrem Tod. Kein einziges Lob. Keine Anerkennung. Nur Beschämung, Häme und Eifersucht.

Aber das alles reichte Mutter immer noch nicht. Nein, sie versorgte ihre Familie, Kusinen, Tanten, Onkel und ihre Eltern mit Geschichten über Stellas Unfähigkeiten die auf ihren Geisteszustand schließen ließen. Dieser Teil von Mutters Sadismus blieb Stella zunächst verborgen. Niemand fragte sie ob sie noch ganz richtig im Kopf sei. Aber sie spürte, dass man ihr nichts zutraute, sie nicht eingebunden war in Familienfeiern, wo sie sich wie eine Fremde fühlte. Mutter tat alles um Stella daran zu hindern Kontakt zu anderen Familienmitgliedern aufzunehmen. So versteckte sie beispielsweise ihr Notizbuch mit den Telefonnummern und Anschriften aller Angehörigen, Freunde und Bekannten. Nur ein einziges Mal vergaß sie das Buch einzustecken. Stella nutzte die Gelegenheit und schrieb die wichtigsten Telefonnummern und Anschriften ab und legte es zurück auf den Schreibtisch. Aber wen hätte sie anrufen sollen? Wem schreiben? Sie kannte diese Menschen kaum und die suchten keinen Kontakt zu ihr. Und sie war sicher dass es an ihr lag. Sie fühlte sich eben dumm, faul und gefräßig. Bis sie 22 war. Da traf sie zufällig auf einer Familienfeier eine Tante von Mutter. Eine nette alte Dame, freundlich und aufmerksam. Normalerweise wurde Stella bei solchen Anlässen mit allerlei Aufgaben, in der Regel die der unangenehmen Art wie spülen und aufräumen, betraut, schon um sicher zu stellen, dass sie keine Kontakte knüpfte. Aber Mutter hatte gepatzt, diesmal wurde in einem Restaurant gefeiert und Stella hatte sich still und leise in den schönen Garten des Restaurants verdrückt um ihre Ruhe zu haben. Hier traf sie Anna, die nette Tante von Mutter. Anna plauderte mit ihr, fragte sie nach ihren Hobbys, zeigte Interesse an ihrer Person. Irgendwann bemerkte sie dass sie gerne ins Hotel zurück fahren würde, sie sei müde. Stella bot sich an, sie zu fahren, sie habe ein Auto. Anna war überrascht und fragte ob Stella denn den Führerschein hätte machen können. Jetzt war Stella überrascht und zeigte Anna ihr Auto. Kurz entschlossen stieg Anna ein und die beiden Frauen fuhren ab. Im Hotel lud Anna Stella in die Bar ein. Dort erfuhr Stella von der alten Dame, was ihre Mutter jahrelang über sie erzählt hatte. Da war von geistig eingeschränkt, unfähig den Alltag alleine zu meistern und Schulversagerin die Rede. Und Stella erzählte Anna dass sie Abitur gemacht habe, im gleichen Jahr wie Sieglinde, sogar viel besser als sie, diese aber von Mutter ein Auslandsjahr in Amerika spendiert bekam während Stella angeblich wegen Vaters Erkrankung eine Lehre im elterlichen Betrieb beginnen musste und ihr Sprachenstudium, dass sie sich so ersehnt hatte, an den Nagel hängen musste. Dass sie aber in ihrem Beruf Vize-NRW-Meisterin geworden war. Quasi aus dem Stand. Gleich beim ersten Wettbewerb. Aber dass sie trotzdem Zweifel hatte was ihre Intelligenz betraf. Anna war entsetzt und verwirrt. Sie riet Stella einen Intelligenztest zu machen. Obwohl sie selbst, Anna, keinerlei Zweifel habe. Es dauerte nochmal zwei Jahre bis Stella den Mut fand sich diesem Test zu unterziehen. Als das Ergebnis ausgesprochen gut war, glaubte sie es trotzdem nicht und wiederholte den Test an einer anderen Uni. Mit fast gleichem Ergebnis. Und meilenweit von Mutters Einschätzung entfernt. Stella schrieb Anna heimlich und unterhielt mit ihr bis zu ihrem leider sehr frühen Tod eine regelmäßige Korrespondenz. Aber viele andere, die von Mutters Lügen infiziert waren, mieden sie. Stella fand nie Einlass in den erweiterten Kreis der Familie und gab ihn schließlich auf.

Stella arbeitete hart in Vaters Geschäft und wurde ausgenutzt. Sogar von Vater. Und obwohl sie erfolgreich war kam kein Wort der Anerkennung über seine Lippen. Natürlich auch nicht über Mutters. Drei Jahre lang hielt sie durch. Dann erklärte sie ihren Eltern dass sie nun das Studium beginnen wolle, Vater gehe es besser und sie habe genug fürs Geschäft gearbeitet, noch dazu für einen Hungerlohn. Mutter lachte amüsiert und eröffnete Stella dass sie keinerlei Unterstützung zu erwarten habe. Wenn ein Kind über eine abgeschlossene Ausbildung verfüge wären die Eltern nicht mehr unterhaltspflichtig. Sie habe sich bereits erkundigt. Sie hatte recht. Deutschlands Gesetzgeber kamen für Stella zu spät auf die Idee eine zweite Ausbildung anzuerkennen. Pech. Außerdem werde sie noch im Geschäft gebraucht. Stella hoffte trotzdem weiter. Schließlich hatte sie während der Schulzeit viel gearbeitet und viel gespart. Zunächst um ihren Unterhalt zu sichern, später weil sie wusste das sie von den Eltern keine Unterstützung erwarten konnte. Sie hatte schon 1700 Mark zusammen, in den 80er Jahren eine Menge Geld. Sie bat Vater, ihr das Sparbuch aus dem Safe zu geben dass sie ihm zur Aufbewahrung übergeben hatte. Vater wurde blass und schickte Stella zu Mutter. Die erklärte ihrer Tochter, sie habe das Geld von Stellas Sparbuch gebraucht; die Waschmaschine sei kaputt gegangen. Stella verlangte Ersatz. „Habe ich nicht," antwortete Mutter schnippisch und gab das Geld nie zurück. Mutter tat wirklich alles um Stella jeden Erfolg zu vermiesen. Trotzdem immatrikulierte sie sich und arbeitete nebenbei im Geschäft. Die Doppelbelastung führte schließlich zum Nervenzusammenbruch, den überstand sie und schaffte schließlich das Studium. Keinen Glückwunsch, keine Anerkennung, keine Freude über ihren Abschluss. Da kündigte sie bei Vater und suchte sich eine Arbeit in ihrem neuen Beruf. Vater, ohne Stella auch im Geschäft ziemlich hilflos, schloss das Geschäft und setzte sich zur Ruhe.

Mutter war extrem eifersüchtig auf Stella. Sie gönnte ihr keinen Erfolg und brachte es nicht fertig ihre Erfolge anzuerkennen. Und immer die eifersüchtige Begründung, sie habe dies und jedes auch nicht gehabt, zu diesem und jenem auch keinen Zugang gehabt, diese und jene Chance auch nicht gehabt. Ihre kranke Seele ließ nicht zu Stellas Erfolge anzuerkennen. Ihre Eifersucht fraß tiefe Löcher in ihre Seele. Stellas Erfolge trafen sie tief, sie hatte in Mutters Leben nämlich nur eine einzige Aufgabe: Der reale, sicht- und fühlbare Feind zu sein, dem sie ab und zu die Fresse polieren konnte bevor ihre zerstörerischen Minderwertigkeitskomplexe ihr die Luft nahmen. An Stella wurde sie ein Stückchen Wut los an der sie sonst erstickt wäre. Und dann schwang da noch eine andere Seite mit. Manchmal, wenn Mutter sehr zornig war, ihre schwarzen Augen Feuer und Blitze spuckten, ihr Gesicht zur teuflischen Maske verzerrt war und sie bedrohlich die Arme hob, war es als ob sie auf diese Weise ihre eigene Seele beschützen wollte. So, als sei jedes Entgegenkommen und jedes freundliche Wort dass sie an Stella richtete, eine Art Verrat an ihrer eigenen Seele. Als würde ihre eigene Seele besonders dann leiden wenn sie Stellas Erfolge sah oder ihr ein wenig Zuneigung zukommen ließ. Und Stellas Qualen brachten ihr Erleichterung und Befreiung vom Gefühl der Hilflosigkeit und des Ausgeliefertseins. Dummerweise strengte Stella sich an um von der Mutter ein Lob zu bekommen. Der gordische Knoten.

Manchmal musste Mutter Urlaub nehmen. Nicht, weil sie das unbedingt wollte sondern weil ihr Arbeitgeber sie dazu zwang. Also teilte sie den Urlaub und nahm die Hälfte vor Weihnachten (angeblich damit sie Vater im Geschäft helfen konnte) und die andere Hälfte im Sommer. Immer zur Zeit ihres Geburtstags. Ihr Winterurlaub war für Stella noch tragbar, sie erledigte in dieser Zeit Vaters Nebenjob bei der Post damit er im Geschäft bleiben konnte. Mutters Sommerurlaub dagegen lag Stella in jedem Jahr schwer im Magen. Der Ablauf war immer gleich: Am ersten Urlaubstag riss sie die Gardinen herunter, räumte Kommoden aus, begann mit der Entrümpelung der Ecken. Kurzum: Sie eröffnete ein Dutzend Baustellen, war nach spätestens zwei Stunden hoffnungslos überfordert (sowohl weil ihr Arbeit im allgemeinen nicht lag als auch weil ihr Dinge wie Planung und Organisation vollkommen fremd waren), was dazu führte dass sie ganz plötzlich an einer Sommergrippe erkrankte und für den Rest des Urlaubs im Bett blieb und mit weinerlicher Stimme Mitleid und Aufopferung von ihrer Tochter forderte. Wenn Stella Glück hatte, waren die Ferien dann schon beendet und sie konnte sich täglich in die Schule verdrücken, in schlechten Jahren hatten die Ferien gerade erst begonnen und sie musste Mutters Laune den ganzen Tag ertragen. In beiden Fällen hatte Stella einen sehr gründlichen Hausputz unter den strengen Augen der Mutter zu erledigen und ihre unorganisierten Baustellen zu beenden. Es war grauenhaft. Aber die harte Schule trug Früchte. Bis heute organisiert Stella alle Arbeiten und Aufgaben straff und für alle Beteiligten übersichtlich, größere Arbeiten werden durch eine Beschaffungsliste, die die zeitliche, örtliche, sachliche und preisliche Beschaffung der benötigten Dinge regelt und eine Arbeitstabelle, die die mengenmäßige und zeitliche Abfolge der Arbeiten begleitet. Stellas Büro ist aufgeräumt und übersichtlich, ihre Urlaubsvertretung verfügt über eine Liste der zu erledigenden Arbeiten mit genauer Anleitung, sodass sie problemlos die Vertretungszeit überstehen kann. Das bringt Stella in der Familie und im Büro immer reichlich liebevollen Spott über ihre Listen, aber auch Anerkennung für die eingesparte Zeit und die vermiedenen Aufwendungen ein.

Existenznot

Normalerweise kümmern sich Eltern um die Existenz der Kinder. Sie schützen und behüten sie. Bei Stella war das anders. Sie war gezwungen ihre eigene Existenz vor Mutter zu beschützen. Und wenn sie aber glaubte, sich wirklich vor Mutter schützen zu können so hatte sie sich geirrt. Denn Mutter beliess es nicht dabei Stella zu erniedrigen und zu beschämen. Nein, das reichte ihr nicht. Sie griff massiv in Stellas Existenz ein. Zutiefst perfide.

Da war die Sache mit dem Roller als Stella noch nicht einmal in der Schule war. Stella spielte draußen mit ihrem Roller. Er war das tollste Geschenk dass sie jemals bekommen hatte und sie war mächtig stolz darauf. Unermüdlich fuhr sie die Straße auf und ab, bis sie einen von Vaters Freuden sah, der zu Besuch kam und mit Mutter vor der Tür stand. Schnell fuhr sie zurück um ihn zu begrüßen. Dabei überfuhr sie den zwar abgesenkten aber immer noch zu hohen Bordstein, überschlug sich mit dem Roller, der Lenker bohrte sich in ihren Bauch und sie bekam keine Luft mehr. Panisch lief sie auf die beiden Erwachsenen zu, dann brach sie zusammen und alles wurde schwarz. Als sie wieder zu Bewusstsein kam, beugte sich Vaters Freud über sie und rief immer wieder: „Mädchen, wach auf!" Mutter stand unbeteiligt daneben, bemerkte schließlich dass Stella wieder ansprechbar war, stand auf und verabschiedete sich mit den Worten „dann ist ja alles wieder gut!" ins Haus. Dabei hätte sich Stella gewünscht dass Mutter sie in die Arme genommen hätte. Sie war ziemlich verängstigt. Vaters Freund blieb noch eine Weile bei ihr sitzen. Vater erfuhr abends aus Mutters Mund von Stellas Unfall. Er streckte die Arme aus und wollte Stella umarmen. Aber Mutter intervenierte: Wer so dumm sei mit einem Roller über einen Bordstein zu fahren verdiene für soviel Dummheit keine Belohnung.

Eines Tages während der Osterferien 1968 passierte es: Stella bekam heftige Bauchschmerzen. Trotzdem war Mutter wie immer zu Arbeit gegangen und hatte Stella zu Hause eingeschlossen. Als die Schmerzen unerträglich wurden, rief Stella Mutter an und bat um Hilfe. Aber Mutter war der Meinung, dass Stella nur zu viel gegessen habe, wie immer, eben dumm, faul und gefräßig, sie solle sich nicht so anstellen. Gut, dass die Familie im Erdgeschoss wohnte.Stella kletterte in ihrer Verzweiflung aus dem Fenster und machte sich auf den Weg zu Bertha, einer sehr netten und hilfsbereiten älteren Dame die in der Nähe wohnte. Aber sie schaffte es nicht mehr. Auf der Straße brach sie zusammen. Ganze vier Tage später wachte sie in einem Krankenhaus wieder auf. Sie hatte einen Blinddarmdurchbruch erlitten. Sie wurde notoperiert und eine Weile im künstlichen Koma gehalten. Nur gut, dass irgend jemand sie auf der Straße gefunden und den Rettungswagen gerufen hatte. Vater und Mutter besuchten sie ein einziges Mal für wenige Minuten. Also blieb Stella einsam und verängstigt im Krankenhaus. Nur die junge Ärztin, die Stella operiert hatte, blieb ab und zu ein Minute auf ihrem Bettrand sitzen. „Es tut noch ziemlich weh aber das geht vorbei und dann kannst du wieder nach Hause," versuchte sie zu trösten. Acht Wochen später war Stella wiederhergestellt.

Als Stella wie erwähnt mit fünf Jahren eingeschult wurde ging Mutter wieder arbeiten. Die Ausrede, sie habe dadurch viel um die Ohren, kam gerade recht um die Versorgung ihres Kindes auf ein Minimum zu reduzieren. Sie versorgte sie tagsüber nicht mit Essen und Trinken. Vater, der die Situation erkannte aber der den Mut nicht aufbringen konnte gegen seine Frau zu opponieren gab dem Kind wenigstens morgens ein Butterbrot mit in die Schule. Nach der Schule gab es nichts. Vorräte hatte Mutter kaum, sie kochte nicht gerne und schon gar nicht gut. Ihr Repertoire beschränkte sich auf Pfannkuchen und Eintopf, der aus tiefgefrorenem Gemüse, einem Brühwürfel und kleingeschnittener Fleischwurst bestand. Vater vermisste nichts, er betrieb im Untergeschoss des Hauses sein Geschäft und schickte seine Angestellten zum Lebensmittelhändler um ihm etwas essbares zu besorgen. Die machten das ausgesprochen gern, konnten sie ihren eigenen Einkauf doch gleich mit erledigen. Und Mutter lebte auf ganz großen Fuß. Aber das erfuhr Stella erst knapp 14 Jahre später.
Abends stopfte sie Stella voll, notfalls mit Butterbroten, damit das Kind nicht an Gewicht verlor. Zusätzlich kaufte sie große Mengen Schokolade, angeblich weil Vater sie so gerne mochte, versteckte sie im Kleiderschrank, wies Stella an, Vater eine Tafel aus dem Schrank zu holen um Stella mit dem Versteck vertraut zu machen. Wenn der Hunger nach der Schule allzu groß wurde holte Stella eine Tafel aus

dem Schrank. Abends gab es Ärger mit Mutter, denn ihrer Meinung nach war das Diebstahl. Neben dem Hunger musste Stella auch noch das schlechte Gewissen wegen des Diebstahls ertragen. Es war die Wahl zwischen Pest und Cholera: Entweder hungerte sie oder sie wurde des Diebstahls bezichtigt. Und wenn Mutter ganz schlecht drauf war, besorgte sie keine neue Schokolade. Dann durchsuchte Stella den Keller, in dem sich noch alte Einmachgläser des Vorbesitzers standen, einmal rührte sie Mehl, dass sie im Küchenschrank gefunden hatte, mit Wasser an, das hatte sie bei ihrer Großmutter gesehen, die einen Kuchen gebacken hatte. Es war ekelhaft. Irgendwann begann Stella sich darüber zu beschweren dass nichts Essbares im Haus war. Mutter rastete aus. Weil Stella so undankbar war und nicht zu schätzen wusste dass sie so ein schönes Zuhause habe. Sie selbst habe gar keine Zeit tagsüber etwas zu essen und sie würde sich nicht einmal beschweren. Vater beschwere sich auch nicht. Nur Stella, die undankbare Göre. Stella gab ihr Bestes, manchmal half aber nur noch, ein paar von den 10-Pfennig-Stücken aus der kleinen Dose auf Vaters Schreibtisch zu stehlen. Schlechtes Gewissen wieder mal inklusive. Die Sache ging überraschend lange gut bis Vater endlich bemerkte dass Geld fehlte. Noch überraschender war, dass Vater Stella lediglich in ruhigen Worten ermahnte. Und er informierte Mutter nicht. Was er sonst immer tat. Anfangs war sie froh darüber aber letztlich war Vaters Verhalten so ungewöhnlich dass Stella lange darüber nachdachte. Bis sie begriff dass Vater genau wusste dass sie nicht gut versorgt war. Und warum änderte er das nicht? Schließlich war er doch ihr Vater? Mit der Zeit begann sie ihn zu verachteten.

Die schlimmste Erkenntnis kam Stella als Mutter ihre Verabschiedung in den Ruhestand feierte und Stella die Gäste bedienen musste. Einer von Mutters Kollegen hielt eine flammende Rede: Er habe die letzten 14 Jahre jeden Tag mit ihr in der Kantine gefrühstückt und zu Mittag gegessen. Und er habe jede Sekunde ihrer Gesellschaft genossen. Stella war wie vom Donner gerührt. Also darum kochte Mutter nicht. Sie frühstückte reichlich und genoss montags bis freitags ein warmes Mittagessen. Stella rettete sich vor die Eingangstür und setzte sich auf die Stufen. Ihre Beine versagten den Dienst. Auf der Heimfahrt konnte sie kaum atmen. Mutters Geruch verursachte ihr Übelkeit.

Mutter beließ es nicht dabei Stella nur einfach zu vergessen. Nein, sie schloß das kleine Mädchen, dass noch nicht einmal zur Schule ging, jeden Morgen im Haus ein. Natürlich nur um das Kind zu schützen, wie sie nicht müde wurde zu erklären. Und jeden Morgen ermahnte sie das Kind nur ja nicht die Streichhölzer zu benutzen oder die Kerzen anzuzünden. Es wäre müheloser gewesen beides weg zu nehmen aber das tat Mutter nicht. Weiterhin lenkte sie jeden Morgen Stellas Aufmerksamkeit auf diese Kleinigkeiten. Als Stella nach Vaters Tod seine Papiere durchsehen sollte, begriff sie: Sie fand Unterlagen über Gerichtsvollzieher, Gläubigern und Banken aus jeder Zeit. Die Familie hatte sich vollkommen verschuldet. Auf Mutters Wunsch hin hatten die Eltern 1964 ein ehemaliges Hotel gekauft, das, sehr verwahrlost und eine halbe Ruine, vollkommen überteuert und außerdem sehr schadhaft war. Der Kasten war viel zu groß und verschlang enorme Summen bevor überhaupt an Einzug zu denken war. Offenbar wollte Mutter den Bau, den sie zuvor unbedingt haben wollte, wieder los werden. Und Stella gleich mit. Zumindest nahm sie Stellas Verletzung oder sogar Tod als Kollateralschaden als absolut tragbar billigend in Kauf. Dumm nur, dass Stella kein Interesse an den Streichhölzern und Kerzen hatte.

Aber sie hatte einen anderen Schaden davon getragen: Lebenslang hatte sie große Mühe, die eigenen persönlichen Bedürfnisse zu beachten, sich um sich selbst zu kümmern und ihre Gesundheit zu beachten. Die massive Vernachlässigung, die Mutter stets damit begründet hatte, dass Stella keinerlei Daseinsberechtigung hatte, trugen traurige Früchte. Zeitlebens hatte sie ein schlechtes Gewissen wenn sie eigene Ansprüche anmeldete oder gesundheitliche Vorsorge traf. Mutter hatte ihr sehr deutlich zu verstehen gegeben dass ihr das verboten war. Stella blieb zeitlebens im Dilemma zwischen ihrem Kopf, der ihr sagte dass sie ein Recht auf Daseinsvorsorge hatte und ihrer Seele ,die ihr zuflüsterte, dass sie darauf kein Recht habe, stecken.

Man muss auch mal Pech haben

Dieser sinnfreie Spruch gehörte in Mutters Kommunikation zu ihren Lieblingssprüchen. Damit spielte sie, wenn nichts mehr half ihre Intrigen herunter und übernahm keinerlei Verantwortung für das was sie Stella antat. An einem heißen Sommertag beschlossen ein paar Klassenkameraden, am morgigen Tag nach der Schule ins Freibad zu gehen. Stella sollte mitkommen. Obwohl sie Wasser nicht mochte und nicht besonders gut schwimmen konnte, war sie begeistert, dass sie von den Klassenkameraden gefragt wurde und freute sich auf ihre Gesellschaft. Eines der Mädchen versprach, ihr einen Badeanzug mitzubringen denn Stella besaß keinen. Aufgeregt fragte sie abends Mutter ob sie zwei Mark fürs Freibad haben könne. Mutter tobte. Geld verschleudern für so einen Unsinn. Verschwendung. Unverschämtheit. Dumme, faule und gefräßige Göre, die auch noch Geld zum Fenster heraus werfen will. Und Vater schwieg natürlich wie immer. Die Klassenkameraden wollten zusammen lagen um Stella mit ins Freibad nehmen zu können. Stella lehnte ab. Es wäre ihr nicht möglich gewesen das Geld zurück zu geben. Sie blieb zu Hause und dachte an die Freunde die gerade Spass im Freibad hatten. Ein paar Wochen später kaufte Mutter auf einer Messe einen exklusiven Pelzmantel. Für 6500 DM. Stella platzte der Kragen und stellte ihre Mutter zur Rede. „Man muß eben auch mal Pech haben," erwiderte diese lapidar und las die Zeitung weiter. Stella riss Mutter die Zeitung aus der Hand und starrte wütend in ihr hämisches Gesicht. Für einen winzigen Moment wollte sie zuschlagen. Ihr das Grinsen aus dem Gesicht schlagen. Die Häme beenden. Sie töten damit es endlich vorbei ist. Mutters hämische Fratze ekelte sie an. Dann besann sie sich. Nein, an ihr würde sie sich nicht die Finger schmutzig machen. Wer weiß was Mutter aus dieser Story innerhalb der Familie gemacht hätte. Statt dessen drehte sie sich um und ging ins Badezimmer um sich zu übergeben. Mutters wutverzerrte Fratze, gepaart mit ihrem typischen Geruch waren abstoßend.

Mutter suchte ihren Schirm. Sehr laut. Stella habe ihn mit in die Schule genommen, behauptete sie. Dabei nahm Stella nie einen Schirm mit, denn der Schulweg ist dafür viel zu lang, es gab keinen Bus und der Weg führte an einer windigen Bundesstraße bergauf. Man war sowieso durchnässt, egal ob mit oder ohne Schirm. Mutter tobte wie eine Wahnsinnige, Stella half bei der Suche, erfolglos. Der Streit eskalierte hemmungslos. Vater, von Mutter angestachelt, stürmte schließlich in Stellas Zimmer, riss alle Schranktüren auf und warf alles was er zu fassen bekam auf den Boden. Ohne Rücksicht auf Verluste. Mit der Hand fegte er Bücher und Andenken aus dem Regal, Stellas Lieblingsglas, dass ihr ein Klassenkamerad geschenkt hatte, zersprang auf dem Boden. Vater reißt alle Schallplatten aus dem Regal und warf sie auch auf den Boden. Eine ging kaputt. Eine Schranktür riss aus dem oberen Scharnier weil er sie mit Gewalt aufgerissen hatte. Wütend zog er auch noch Stellas Kleidung aus dem Kleiderschrank. Eine Bluse blieb am Kleiderbügel hängen und zerriss. Mutter hatte keinen Finger gerührt, hatte Vater die Drecksarbeit errichten lassen und schreiend in der Tür gestanden. Schließlich waren alle Schränke leer, der Schirm nicht zu finden. Das Zimmer glich - nein, war - ein einziger großer Trümmerhaufen. Alle Schränke waren ausnahmslos leer, alles lag unordentlich auf dem Boden. Bücher, Schallplatten, Kleidung, Schulhefte und dazwischen die Scherben von Stellas Glas. Die beiden Alten schrieen weiter bis Vater plötzlich sagte: „Da ist er ja. Wie kommt der denn in deine schwarze Handtasche?" „Jetzt müssen sie sich entschuldigen," dachte Stella. Statt dessen behauptete Mutter dass sie, Stella, den Schirm in ihre Handtasche gesteckt habe. Stella schloss leise die Zimmertür und legte sich ins Bett. Am Boden zerstört. So wie ihr Lieblingsglas. Sie weinte sich in den Schlaf. Mitten in der Nacht wurde sie wach. Leise ging sie zur Toilette, dann in Vaters Arbeitszimmer. Dort nahm sie fünfzig Mark aus seinen Geldbeutel. Nach der Schule kaufte sie in der Stadt ein neues Türschloss und etwas zu essen. Gar nicht so einfach, die Sache mit dem Türschloss aber sie schaffte es das Schloss einzubauen. Am Wochenende besorgte sie zusätzlich einen Eimer mit Deckel und vom Flohmarkt eine alte Waschgarnitur wie Großmutter sie noch im Schlafzimmer stehen hatte: Eine große Schüssel mit einem Krug. So konnte sie sich wenn die Eltern zu Hause waren in ihrem Zimmer waschen und notfalls die Notdurft im Eimer verrichten. Dann räumte sie auf. Sie baute den Schrank, dessen Tür Vater ausgebrochen hatte, ab und entsorgte nicht nur ihn sondern auch alles was sie nicht mehr haben wollte. Und sie schloss immer sorgfältig ihre Zimmertür ab. Sie sprach nicht mehr mit ihren Eltern und vermied die anderen Zimmer im Haus. Es dauerte ganze acht Wochen bis Vater Stella ansprach. Aber kein Wort des Bedauerns. Schon gar keine Entschuldigung. Keine Frage wie es ihr ging oder wie sie sich versorgte. Oder vielleicht sogar dass er sich freute wieder mit ihr zu sprechen. Nur, dass Mutter wieder Frieden wollte. Sie hatte ihn feige vorgeschickt. Ekelhaft. Abstoßend. Widerwärtige Menschen. Trotzdem ließ sich Stella darauf ein. Sie konnte die angespannte Atmosphäre auch nicht länger ertragen. Also Frieden. Wie verlogen der war wurde dem Mädchen nach wenigen Tagen klar: Mutter beauftragte sie, wieder wie vor dem Streit immer samstags das Haus zu putzen. Sie hatte sich wieder mal von ihr über den Tisch ziehen lassen. Stella war zutiefst verletzt und schrie ihre Mutter an. Die zuckte mit den Schultern und gab ihrer Tochter wieder mal eine abgedroschene Weisheit mit auf den Weg: „Man muss auch mal Pech haben." Dann ging sie. Vater, der das Gespräch verfolgt hatte, drehte sich schweigend weg. Feiges Schwein. Wieder so ein Moment in dem Stella ganz kurz davor stand zur Mörderin zu werden.

1974 feierte Stella ihre Konfirmation. Mutter hat viele Menschen eingeladen. Natürlich nur die Menschen, die Mutter gerne um sich hatte. Manche davon kannte Stella nicht einmal. Mutter hatte das teuerste Restaurant in der Stadt gebucht, bestellte einen Reisebus, ja, tatsächlich einen ganzen Reisebus, der die vielen Gäste zur Kirche, anschließend ins Restaurant und abends wieder zurück zu Stellas Elternhaus fuhr. Mutter verteidigte ungeniert ihre Position als vermeintliche Hauptdarstellerin. Sie beherrschte die Szene. Stella war der unvermeidliche Gast, den man nicht aus Sympathie einlädt sondern weil man dadurch unliebsame Streitereien umgeht. Stella hatte keinen Moment lang das Gefühl dass es um sie ging. Am Tag danach gab es Kaffee und Kuchen für Nachbarn und entfernte Bekannt. Mutter hatte für viele hundert Mark Kuchen in einer Konditorei bestellt und das halbe Dorf eingeladen. Viele Gäste brachten viele Geldgeschenke, die Patentante zahlte ihr einen Sparvertrag aus. Stella staunte. Sie hatte gehofft dass sie sich ein Fahrrad vom Konfirmationsgeld kaufen konnte. Mutter war einverstanden. Der Traum rückte in erreichbare Nähe. Dachte Stella. Nach der Schule war sie schon ein paar Mal in ein Fahrradgeschäft gegangen und hatte sich eines ausgesucht. Ein blaues! Sie hatte es reservieren lassen. Abends nahm Mutter das Geld an sich. „Damit es nicht verloren geht." Stella sah es nie wieder. Sie hatte damit die Feier bezahlt. Stella fragte was denn mit dem Fahrrad sei. „Man muss auch mal Pech haben," sagte Mutter ungeniert. Viele Jahre später sollte sie den Keller renovieren. Sie fand in einer Schublade in einer kleinen Kommode die sauber abgehefteten Rechnungen. In einer anderen Kontoauszüge. Mutter hatte am Tag nach Stellas Konfirmation das gesamte Geld auf ihr Konto eingezahlt. Anschließend bezahlte sie damit alle Rechnungen der Feier. Den Rest behielt sie. Im anschließenden Streit hatte sie Mutters Argument nichts entgegen zu setzen: Immerhin habe sie tatsächlich Stellas und nicht ihre eigene Konfirmation bezahlt. Dabei schlug Mutter die Augen ganz unschuldig auf und legte den Kopf ein wenig zur Seite. Und plötzlich wusste Stella wie sie ihre Lügen erkennen konnte. An diesem Augenaufschlag.

Mutter übte noch 24 weitere Jahre bis sie ihr Meisterstück abliefern konnte. Ein wirklicher Geniestreich. Einer, der seinesgleichen suchte. 1998 heiratete Stella zum zweiten Mal. Diesmal hatte sie Glück, sie schwebte im siebten Himmel. Und Mutter schien zum ersten Mal so etwas wie Zufriedenheit mit ihrer Tochter zu empfinden. Deren Aufmerksamkeit konzentrierte sich auf ihren Mann, die beiden Kinder und die Tatsache, dass sie nochmal schwanger war. Es ging ihr nicht besonders gut - körperlich gesehen - jedesmal durchlitt sie neun Monate Übelkeit, konnte bestimmte Gerüche nicht vertragen und überstand Autofahrten nur mit kleinen Pausen in denen sie sich hemmungslos übergab. Und Mutter nutzte die Tatsache dass Stella unaufmerksam war und zudem aufgeregt weil sie frisch verliebt war. Und sie war geschickt genug den großen Coup in einem Gespräch ohne Stellas Mann zu beginnen. Je weniger Zeugen desto besser. Dann bat sie ihre Tochter ohne jegliche Vorbereitung mal kurz runter zu kommen. Stella wohnte mit ihrer Familie im Obergeschoss ihres Elternhauses. Ohne besondere Vorteile, Mutter verlangte die ortsübliche Miete mit ausreichend Nebenkosten. Stella, die glaubte, den Vater versorgen zu müssen, weil sie es schon immer getan hatte, lief die Treppe hinunter und platzte mitten in ein Gespräch das ihre Eltern mit einem

Steuerberater führten. Mutter begann ein liebevolles Gespräch darüber dass Stella jetzt den Richtigen gefunden habe und über Zugehörigkeit zur Familie. Beides traf Stellas Nerv. Dann unterbreitete der Steuerberater eine Idee, die für alle lukrativ sein sollte. Stella und ihr Mann sollten die Wohnung im Obergeschoss für 100000 DM kaufen damit im Falle des Todes der Eltern die Erbschaftssteuer unter dem Freibetrag für Stella bleiben würde. Der Kauf müsse mit einem Bankauszug belegt werden. Danach sollten die Eltern heimlich die 100000 DM an Stella zurück geben. Jetzt würde auch der letzte von Stellas Träumen in Erfüllung gehen: Sie würde zur Familie gehören. Sie besprach die Sache mit ihrem Mann und die beiden beschlossen, sich auf die Sache einzulassen. Sie nahmen einen Kredit auf, wohl wissend dass sie diesen für die nächsten 11 Jahre abbezahlen würden. Aber sie konnten einen Teil der 100000 DM anlegen und mit den Zinsen die Kreditzinsen ein wenig erträglicher machen. Mit dem Rest würden sie den Renovierungstau in der Wohnung beseitigen. Mutter, von ausgesuchter Höflichkeit, besorgte einen Notar und bereitete mit ihm alles vor. Eigentlich hätten bei Stella anlässlich des ersten Gesprächs mit dem Notar alle Alarmglocken läuten müssen. Denn der sprach nicht von 100 000 DM sondern von satten 289 000 DM. Stella brach den Termin ab und wollte wissen wie es zu dem eklatanten Preisanstieg kam. Mutter zuckte die Schultern und sprach von ortsüblichen Preisen. Stella bestand auf dem alten Kaufpreis. Aber sie hätte wissen müssen dass Mutter ein böses Spiel treiben würde. Der Wunsch endlich zur Familie zu gehören war jedoch größer. Sie überweisen also wie in der notariellen Urkunde festgehalten 100 000 DM. Das Geld sahen sie nie wieder. Mutter behielt es einfach. Sie forderten Mutter auf das Geld zurück zu geben, wie es vereinbart war. Mutter schwieg und grinste. Vater verließ den Raum. Als der Streit eskalierte, meinte Mutter nur: „Man muß auch mal Pech haben!" Sie hatte wie immer gewonnen. Und die Renovierungskosten für die Wohnung gespart. Aber ihre Tochter und deren Familie verloren. Es war das letzte Mal dass sie ihr vertraut haben.

Tarnen, täuschen und verpissen

Vater lebte besonders intensiv nach dem Motto „tarnen, täuschen und verpissen". Mutter hatte ihn fest in der Hand, bürdete ihm neben seinem Geschäft auch noch einen Halbtagsjob auf und verfügte dass alle Sonntage in ihrem Elternhaus zu verbringen waren. Das strenge Zeitdiktat erstickte jede Revolution und verhinderte aus Zeitmangel eine objektive Beurteilung der Umstände. Eine funktionierende Diktatur durch Zeitdiktat. Und natürlich Mutters unangenehme Beschimpfungen. Jedenfalls blieb Vater Zeit seines Lebens ein gehorsamer Untertan, selbst wenn es um seine eigenen Bedürfnisse ging. Durch seine Behinderung konnte er die Gegenstände in den Hängeschränken der Küche nicht erreichen. Daher bat er darum dass eine Tasse und ein Teller auf dem Küchentisch verbleiben könne, was Mutter mit der Begründung ablehnte, dass sich dort dann allerlei andere Gegenstände sammeln würden weil Stella sie dann nicht wegräumen würde. Stella verwahrte sich dagegen, und machte gleichzeitig einen Gegenvorschlag: Tassen und Teller wandern in einen der unteren Schränke, dessen Inhalt dann in den leeren Hängeschrank wandert. Mutter war dagegen: Dann müsse sie sich ja bücken. Vater sagte nichts - wie immer. Stella fragte sich in Gedanken wann Mutter sich wohl bücken müsse - immerhin kochte sie nur ausgesprochen selten und sie selbst aß in der Kantine.

Immer wieder suchte Stella Schutz und Hilfe bei Vater aber es half nichts. Außer den beiden Sätzen „Ich kann das nicht entscheiden" und „Du weißt ja wie sie ist" brachte er nichts zustande - bis auf den Umstand dass er sich gerne und ausgiebig an der Ausbeutung der Tochter beteiligte. Sie schuftete in seinem Geschäft, verdiente für ihn eine Menge Geld, dass zu ihrem Bedauern von Mutter gleich wieder ausgegeben wurde und nutzte ihre Klugheit wenn es darum ging sich im Stillen gegen Mutters Macht durchzusetzen. Denn auch ihm machte sie mit ihrem Sadismus und ihrem Machthunger das Leben zur Hölle. Und sie nutzte seine Hilflosigkeit aus. Vater war auf die Nutzung eines Gehstocks angewiesen. Zudem hinderte ihn seine starre Körperhaltung daran, Gegenstände in der Hosentasche zu verstauen. Mit zunehmendem Alter trug er eine Brille. Also bat er Mutter, ihm nur Hemden zu besorgen, die eine Brusttasche hatten damit er seine Brille einstecken konnte. Die dachte nicht im Traum daran. Und sie legte ihm immer gern ein Hemd ohne Tasche bereit. Eines Tages, Mutter verweilte für einige Tage im Krankenhaus, bat Vater Stella Hemden ohne Tasche verschwinden zu lassen um sie durch ähnliche mit Tasche zu ersetzen. Und das tat sie. Nicht Vater selbst. Er spielte weiter Peter Pan und weigerte sich erwachsen zu werden. Stella sah alle Hemden durch, verstaute die meisten derer die ohne Tasche waren in einem Sack für die Altkleider Sammlung und ordnete die Hemdenstapel neu. Sicherheitshalber ließ sie ein paar Hemden ohne Tasche im Stapel. Dann brachte sie den Sack zum Roten Kreuz. Mutter, die aus Gründen der Bequemlichkeit Vaters Hemden weder wusch noch bügelte sondern von einer Wäscherei abholen, fiel der Tausch nicht auf. Stella wurde regelmäßig schlecht wenn sie sah wie Mutter immer wieder in der Öffentlichkeit ihre schöne Seite präsentierte und die liebende Ehefrau spielte, deren einziger Gedanke war ihren Mann gut versorgt zu wissen.

Vater sorgte im sozialen Leben der Familie für die Sympathien, Mutter gelang das kaum. Sie verstand es zwar vortrefflich, ihre schöne Medaillenseite zu zeigen, verstand es, Menschen durch Geld oder Zuspruch für sich einzunehmen. Aber sie hatte eine Achillesferse: Eifersucht! Sobald es den kleinsten Anlass dazu gab, vergaß sie sich und neigte dazu, Menschen zu beleidigen oder ihnen sogar zu schaden. Vater war sehr beliebt, immer freundlich, humorvoll, zuvorkommend und hilfsbereit. Die Mischung der beiden Charaktere führte zu vielen bizarren Situationen: Vater, der aufgrund seiner Behinderung schlecht ausgehen konnte, lud Freunde zum Frühschoppen am Sonntag Morgen ein. Mutter meckerte über das viele Geld, das durch die Kehlen der Männer floss, besorgte aber trotzdem das Bier, weil sie auch die in Begleitung des Frühschoppens auftauchenden Sympathien genoss. Mutter spielte die freundliche und großzügige Gastgeberin. Wenn die Gäste anschließend gegangen waren bekam Vater eine lautstarke Abreibung, der Bierkasten sei schon wieder leer, wieviel Dreck die machen würden, er sei ja betrunken. Mutter war wie eine Münze. Nach außen zeigte sie die schöne Seite, innerhalb der Familie lebte sie ungeniert die dunkle Seite aus. Vater widersprach kein einziges Mal. Die beiden waren eben ein echtes Dream-Team.

Wenige Wochen vor Vaters Tod rief er Stella zu sich. Er habe erkannt, dass sie sich an ihr versündigt hätten. Zu wenig Fürsorge, zu wenig Liebe, zu wenig Zeit. Er wolle aber dass sie ihn in guter Erinnerung behalte darum wolle er ihr eine größere Summe Geld geben damit sie sich etwas schönes anschaffen könnten. Schließlich habe sie, Stella sich ja auch viele Jahre um ihn gekümmert und ihm immer zur Seite gestanden. Und durch Mutter den einen oder anderen finanziellen Verlust einstecken müssen. Stella war überrascht und irritiert. Einerseits war es das erste Mal das sie ein Geschenk von ihren Eltern erhalten sollte. Andererseits fand sie dass zwei wichtige Dinge an Vaters Ansprache fehlten: Vaters eigene echte emotionale Beteiligung und die Erkenntnis, er von Mutters Betrügereien auch profitiert hatte. Dass dem Geschenk mehrfache und unverhältnismäßig größerer Diebstahl voraus gegangen war. Als Mutter hörte was Vater vor hatte, rastete sie vollkommen aus. Sie tobte, schrie, beschimpfte Stella wieder mal als dumm, faul und gefräßig und verwehrte sich dagegen, Stellas „Flausen zu finanzieren". Während der folgenden Wochen blieb Mutter ungenießbar. Ihre Kommunikation bestand ausschließlich aus Vorwürfen und Anschuldigungen. Sie unterstütze keine Faulenzer und Drückeberger, die das nicht verdient hätten. Wochenlang. Vater äußerte sich nicht, versuchte nicht einmal Mutter zu beruhigen oder ihr eine Grenze aufzuzeigen. Er ließ die Sache auf sich beruhen. Unnötig zu erwähnen, dass Stella zutiefst enttäuscht war. Aber es kam noch schlimmer. In seinen letzten Stunden konnte Vater nur noch seine Augen bewegen. Er sah Stella an. Die war irritiert, wechselte die Stellung und stand mal links, mal rechts an seinem Bett. Er folgte ihr mit seinen Blicken. Stella wechselte noch ein paarmal die Bettseite während sie seine Lippen anfeuchtete, seine Stirn abwischte und seine Hand hielt. Stella wusste nicht, was er ihr sagen wollte. Hatte er Schmerzen? Sollte sie sein Kissen richten? Es wurde ihr zunehmend unangenehm. Und plötzlich wusste sie warum Vaters Blicke sie irritierten. Er hatte ihr zuvor nie in die Augen gesehen! Höchstens für eine zehntel Sekunde. Aber weder intensiv noch lange. Er hat den stabilen Blickkontakt zu ihr immer gemieden soweit er konnte. Selbst Bitten oder Befehle brachte er ohne Blickkontakt hervor. Darum war Stella nun überrascht. Was wollte er? Sie hatte alles erledigt, hatte die Ärzte um weitere Schmerzmittel für ihn gebeten, seine Kissen aufgeschüttelt, ihm die Lippen befeuchtet. Oder bittet er um Nachsicht? Oder Vergebung? Wenn ja, war der Zeitpunkt denkbar schlecht gewählt. Er hatte 45 Jahre lang Zeit dafür gehabt und sie nicht genutzt. Stella hätte alles verziehen wenn er nur ein wenig mehr Zeit für sie gehabt oder sie mal wahrgenommen hätte. Hatte er aber nicht. Er ging lebenslang den Weg des geringsten Wiederstandes und hatte seiner Tochter deutlich zu verstehen gegeben dass er genau das nicht für wert befunden hatte. Dabei hatte Stella nie Großes erwartet. Nur kleine Momente der Aufmerksamkeit oder einmal ein kleines Lob. Ein einziger dieser Momente hätte genügt. Er hätte Stella gezeigt dass die Vernachlässigung ein ende gehabt hätte.

Nur ein einziger. Aber in den letzten 45 Jahren hatte er eine klare Wertung vorgenommen: Es war ihm stets wichtiger, nicht mit Mutter anzuecken. In seinen letzten Stunden unter seinen Blicken, die sie sich in den Jahren vorher so sehr gewünscht hatte, fühlte sich Stella überrumpelt und überfordert. Vergebung in wenigen Minuten. Speed-Vergebung quasi, von 45 Jahren der Missachtung auf Vergebung in fünf Minuten? Stella hatte ihm in den letzten Jahren tausendmal verziehen. Jedesmal wenn er sie mit ihren Problemen alleine ließ, wenn er das Zimmer verließ obwohl Mutter sie beleidigte und beschimpfte, wenn er zuließ dass Stella alleine vor dem Fernseher und Sieglinde auf seinen Kien saß, wenn die Einsamkeit Stella körperliche Schmerzen verursachte und sie nur eine kleine Umarmung oder ein nettes Wort brauchte. Immer wieder hatte sie verziehen, ihm wieder eine Chance gegeben, immer wieder neu gehofft. Immer und immer wieder. Aber all das schien er gar nicht bemerkt zu haben. Jetzt sollte sie vergeben? Weil er die Bestrafung durch seien Frau nicht mehr fürchten musste? Weil er jetzt nichts mehr zu verlieren hatte? Hätte er sie früher gebeten, wäre für Stella die Möglichkeit geblieben seine Bitte um Vergebung als ehrliche Erkenntnis ihres eigenen Wertes für ihn oder als ehrliches Eingeständnis seines Fehlverhaltens zu sehen aber so? Im letzten Augenblick seines Lebens? Vielleicht aus Angst vor Bestrafung im Jenseits, denn er war ein religiöser Mensch? Vergebung als egoistischer Wunsch? Aber vielleicht war sein Blickkontakt gar kein Wunsch nach Vergebung sondern nur der Wunschtraum seiner Tochter und bei ihm gar nicht vorhanden? Vielleicht hatte er ja nur Durst oder er fror. Stella prüfte nochmal ob es etwas zu verbessern galt. Kissen aufgerichtet, Lippen befeuchtet, Schmerzmittel maximal. Stella dachte an ihren Mann, der gerade die Kinder beaufsichtigte. Sie wäre viel lieber bei ihrer Familie. Sie sehnte sich nach ihr. Verstohlen blickte sie auf die Uhr: Fünfzehn Uhr. Wie lange sollte das noch gehen? Als ob er ihre Gedanken gelesen hätte sah Vater sie noch einmal ganz eindringlich an. Dann versagte sein Herz. Es war vorbei. Niemals würde sie ihre Kinder so sehr verletzen.

Einzelhaft

Mutter hatte eine perfide Art Stella in die Isolation zu treiben. Sie schloss das Kind ein, verbat ihr später, andere Kinder mit nach Hause zu bringen und ebenso, andere Kinder zu besuchen. In den Ferien wurde sie zu Sieglinde abgeschoben, dort gab es schon aus dem Grund keine neuen Kontakte weil jeder Sieglinde mied wie die Pest denn sie war ein ausgesprochen schwieriger Mensch. Und für den Rest der Menschheit hatte Mutter zahllose Lügen auf Lager, kleine und große Unwahrheiten, Stellas kleine Unachtsahmkeiten, kleine Missgeschicke wie herunter gefallene Tassen oder vergessene Kleinigkeiten, die jedem Menschen passieren, die von Mutter zu wahren Dramen aufgebauscht und als solche hundertmal von ihr erzählt wurden. Mosaiksteine, die sich in der Gesamtheit zu einem negativen Bild von Stella zusammen fügten. Denn Positives erzählte Mutter nie. Die vielen Nachmittage, an denen Stella alleine im Haus saß verursachten in ihr diesen brüllenden schmerzhaften Kloß in ihrem Bauch, der so schwer zu ertragen war und der Einsamkeit hieß. Trotzdem suchte Stella andererseits die Einsamkeit. Denn nur die schützte sie vor Mutters hemmungslosen Attacken die so verletzend waren.

Vater und Mutter kamen abends erst spät nach Hause zurück. Die beiden sorgten mit zu viel Arbeit und noch mehr Schulden für ausreichend Stress und zu wenig Zeit um sich um Stella zu kümmern. Was sie auch gar nicht wollten. Denn Mutter hasste Stella und Vater hielt sich aus allem heraus. Also montags bis samstags Arbeit für drei die von zwei Personen erledigt wurden, Sonntags bei den Großeltern und Sieglinde. Zweimal im Jahr ein paar Wochen Katastrophen-Urlaub in der Verbannung. Nicht genug Zeit um ein Kind für sein späteres Leben fit zu machen und ganz sicher nicht genug um einem Kind Liebe zu vermitteln. Stella fehlte eine Menge Handwerkszeug um ein gutes Leben zu führen. Vertrauen zum Beispiel. Stella vertraute niemandem. Sie war ständig in Alarmbereitschaft, ständig darauf vorbereitet verlassen zu werden. Das war aufregend, verunsichernd und beunruhigend. Oft suchte sie die Einsamkeit um dieser Aufregung zu entkommen. Weil sie die Unsicherheit nicht ertrug.

Sie tat sich enorm schwer damit bei anderen Wahrheit und Lüge zu unterscheiden. Und es fiel ihr schwer die eigenen Handlungen zu bewerten. Weil sie sich ständig fragte ob sie so reagierte wie ihre Mutter reagieren würde. Das versperrte ihr den realistischen Blick.

Als Stella gerade zwölf war musste Vater zur Behandlung in eine Stuttgarter Klinik. Mutter wollte Urlaub nehmen, weil Vater ja nicht alleine zurecht kam und Stella sollte bei Freunden bleiben. Aber sie wollte unbedingt mitfahren, sie versprach sich ein wenig Zeit mit den Eltern, insbesondere mit Vater. Kurz zuvor war ein Schüler ihrer Klasse für drei Wochen beurlaubt worden. Sein Vater war Arzt und konnte wegen der zu leistenden Notdienste auf dem Land nicht während der Ferien in Urlaub fahren. Also marschierte Stella zum Direktor, erklärte die Dringlichkeit der Reise ihrer Eltern und fragte ob sie beurlaubt werden könne. Der Direktor war mit Vaters Krankheit vertraut und verlangte lediglich eine schriftliche Erklärung ihrer Eltern. Stella berichtete den Eltern freudig, aber Mutter behauptete weiterhin, dass Stell im Falle der Mitreise die Schulpflicht verletzen würde. Sie fragte nicht mal in der Schule nach. Vater nahm Stellas Vorschlag auf, wollte am nächsten Tag in der Schule nachfragen und dann eine Entschuldigung schreiben. Aber er hatte die Rechnung ohne Mutter gemacht. Die legte den Auftritt ihres Lebens hin: Sie tobte vor Wut, weil man sie während Vaters Behandlung mit der Aufsicht über ein ungezogenes kleines Kind beauftrage, die Sorgen um Vaters Gesundheit seien schon schlimm genug, da könne sie sich nicht auch noch Sorgen um ein Kind machen, Stellas Einwurf, sie sei ja schließlich schon zwölf wischte sie mit dem Argument vom Tisch, sie könne nicht auch noch pubertäre Spinnereien ertragen. Vater musste in dieser Nacht auf dem Sofa übernachten und Mutter legte für die nächsten zwei Wochen bis zur Abfahrt ein zweiwöchiges Schweigegelübde ab. Sie sprach weder mit Vater noch mit Stella, strafte beide mit konsequenter Missachtung (wobei das nur bei Vater wirkte, denn ihre Tochter beachtete sie sowieso nicht), heulte sich während der zahlreichen Telefonate mit ihren Freundinnen die Augen aus man sie schamlos ausnutzte und belastete. Vater knickte recht schnell ein, Mutter blieb unerbittlich und schwieg weiter. Am Tag der Abreise verabschiedete sie Stella mit den Worten: „Die warten schon auf dich." Dann drückte sie ihr eine kleine blaue Reisetasche in die Hand und ging. Vater hatte das Auto schon vor der Haustür geparkt und wartete auf Mutter. Er verabschiedete sich nicht einmal. Er wagte es nicht einmal das Wort an seine Tochter zu richten um Mutter nicht wieder zornig zu machen. Nicht einmal als das Mädchen die Beifahrertür öffnete und sich ins Auto beugte um sich von ihm zu verabschieden. Wie versteinert starrte er durch die Windschutzscheibe und sagte kein Wort. Er war zu keiner eigenständigen Handlung fähig. Als ob sie gar nicht da wäre. Stella trat zurück, Mutter stieg ein und schon verschwand das Auto in der Ferne.

Das Schlimmste in dieser ganzen Misere waren aber nicht einmal Stellas Eltern. Es waren die Menschen um sie herum. Es waren diejenigen, die sich von Mutters Lügen einwickeln ließen und damit zu Helfershelfern wurden, die ihr bedingungslos glaubten oder sich von ihr bezahlen oder in anderer Form unterstützen liessen, Stella aber jedes Vertrauen entzogen. Jene, die sich durch Vaters freundliche Fassade blenden ließen und Stella nicht glauben wollten. Sie alle bevorzugten die drei chinesischen Affen: nichts hören, nichts sehen und nichts sagen. Sie erstickten jede Hoffnung auf Unterstützung im Keim. Viele zogen sich später auf ihre Behauptung zurück, sie hätten das alles nicht gewusst. Andere verhinderten, dass Stellas Selbstbild realistischer wurde weil sie ihr nicht spiegelten was sie wirklich von ihr sahen. Dazu gehörten diejenigen, die - mit gewisser Berechtigung - vor Stella flohen als Mutter sie zur Betreuung an irgendwen übergab und Stella niemals darüber aufklärten dass es nicht an ihr lag, dass man sie mied. Andere machten sich nicht einmal die Mühe, Stella wahrzunehmen. Sie übernahmen Mutters Meinung, ungefiltert und gänzlich ohne Zweifel. Diejenigen, die sich nicht die Mühe machten, Kontakt zu Stella aufzunehmen um sie kennen zu lernen, diejenigen, die von ihr profitierten, sei es als Spielkameradin oder als kostenlose Unterstützerin auf Feiern und Festen, als Hilfe im Alltag oder als Trouble Shooterin wenn es mal schwierig wurde. Obwohl Stella auch bei ihnen ihr bestes gab und immer wieder bewies dass sie nicht dumm war, haben sie die eigenen Zweifel an Mutters Einschätzungen über Stellas Fähigkeiten für sich behalten. Zweimal suchte Stella Hilfe in der Familie. Als sie die Telefonnummern von ihrer Großmutter väterlicherseits und die ihrer Patentante gefunden hatte, rief sie beide an und bat um Hilfe. Sie hoffte dass die beiden mit Mutter reden könnten um dafür zu sorgen dass Mutter ihr etwas zu essen bereit stellte. Beide wiegelten mit der Begründung ab, Stella wisse doch wie Mutter sei und dass es gar nichts bringen würde. Mag sein dass sie recht hatten. Aber Stella blieb nicht nur ohne Hoffnung sondern eben auch ohne Verbündeten. Mutter hatte gut vorgesorgt. Die eine Hälfte der Menschen um sie herum unterstützte sie mehr als großzügig, was die natürlich nicht aufs Spiel setzen wollten, die andere behandelte sie so schlecht dass sie nicht wagten ihr zu widersprechen. Stella war sowohl in der Familie als auch im Freundeskreis der Eltern vollkommen isoliert. Einen eigenen Freundeskreis hatte sie nicht einmal, dafür hatte Mutter ja auch gesorgt.

Selbst Stellas Geburtstage waren Tage der Einsamkeit und Trauer. Mit der Begründung sie, Mutter, habe schließlich keine Zeit für sowas, gab es keine Geburtstagsfeiern. Nicht mit Großeltern, nicht mit Tantchen und Kusine und schon gar nicht mit Freunden. Kein Geburtstagskuchen. Einmal überreichte sie Stella abends ein Geschenk. Es war tatsächlich der Pullover, den Sieglinde an ihrem eigenen Geburtstag abgelehnt hatte weil er so unmodern und hässlich war. In Anbetracht der mangelnden Freude in Stellas Gesicht schickte Mutter sie zur Strafe ins Bett. Undankbares Kind. Von da an legte sie jedes Jahr morgens ein kleines Geschenk und eine Glückwunschkarte auf den Tisch und verschwand auf die Arbeit. Vater gratulierte pflichtschuldigst und verschwand auch. Eine dieser Karten bewahrte Stella auf: „Herzlichen Glückwunsch zum Geburtstag", stand auf der Vorderseite. Innen hatte Mutter ein paar Worte handschriftlich ergänzt: „und alles Gute für Deine Zukunft. Und wenn du noch besser in der Schule wirst, können wir dich auch richtig lieb haben." Geburtstage waren keine Freudentage. Es waren Tage, an denen Mutters giftige Pfeile das Mädchen mitten ins Herz trafen.

Komplizen

Mutters größtes Talent war ihre Schauspielkunst. Sie war besser als die besten Schauspieler der Welt. Sie war hundertprozentig überzeugend, hatte ihre Mimik und Gestik wie kaum jemand unter Kontrolle. Und sie war eine Meisterin des gesprochenen Wortes. Sie konnte aus einem Fünkchen Wahrheit wie beispielsweise eine von Stella zerbrochene Tasse zu einer Katastrophe ausbauen. Dabei veränderte sie Kleinigkeiten oder Zusammenhänge rund um den Wahrheitskern. Und sie war nie um eine Ausrede verlegen. Niemals. Ihre veränderte Wahrheit präsentierte sie hundertfach, sie kam hundertfach bei ihren Zuhörern an. Leider nie eine positive Wahrheit. Leider war niemand bereit Mutters Worte mit der Realität zu vergleichen. Und niemand verglich Mutters Worte mit Mutters Taten. Diesen krassen Unterschied hätte jeder bemerkt.

Aber es kam noch schlimmer: Zwei Jahre nach Vaters Tod war Mutter nicht mehr zu ertragen. Bei Stella stellten sich Erstickungsanfälle ein. Mitten im Schlaf schreckte sie auf weil sie keine Luft mehr bekam. Die Anfälle steigerten sich, bis sie schließlich keine Nacht ohne Anfall verbrachte, von denen manche so intensiv und lang waren, dass sie beinahe das Bewusstsein verlor. Insbesondere dann, wenn wieder schlimme Dinge zwischen Mutter und Tochter vorgefallen waren. Stella litt enorm, nicht nur die Angst vor der nächsten Nacht machte ihr zu schaffen sondern auch der Umstand, dass sie dauernd unausgeschlafen, übermüdet und überfordert war. Die Anfälle waren ausgesprochen quälend, jeder, der sich schon einmal intensiv verschluckt hat, weiß, dass Luftnot große Angst auslöst. Minutenlang bekam Stella kaum Luft, der Hals war wie zugeschnürt und löste sich erst langsam wieder. War der Anfall vorüber dann war an ein schnelles Einschlafen nicht mehr zu denken, selbst wenn Stella noch so müde war. Neben Stella litt die ganze Familie. Stellas Mann, der jeden Anfall mitbekam, machte sich große Sorgen denn die Anfälle dauerten immer länger. Und manchmal folgte ein Anfall auf den nächsten - in einer einzigen Nacht. Die Kinder, die manche Nacht aufwachten, waren verstört und verängstigt, hatten Angst abends ins Bett zu gehen. Alle Untersuchungen, die Stella über sich ergehen ließ, kamen zum gleichen Ergebnis: Es handelte sich um eine psychosomatische Störung. Deren Ursache musste schnellstens beseitigt werden damit die Familie wieder zur Ruhe kommen konnte. Sehr schnell entschlossen sie sich zum Auszug aus Stellas Elternhaus. Die finanziellen Mittel waren durch Mutters großen Betrug sehr beschränkt, trotzdem nahmen sie einen Hausbau in Angriff, denn Wohnungen, die für die mittlerweile siebenköpfige Familie ausgereicht hätten, waren vollkommen überteuert. Und ein Hauskauf war auf dem knappen Immobilienmarkt noch teurer. Ein Jahr nach dem Grundstückskauf zog die Familie Hals über Kopf ein, dabei waren lediglich ein Schlafzimmer und das Wohnzimmer fertig. Egal, Stella konnte wieder schlafen und die ganze Familie kam zur Ruhe. Mutter interpretierte den Umzug der Familie freilich als   einen Affront gegen sich, man habe sie schändlich im Stich gelassen, die eigene alte greise Mutter alleine lassen sei ja wohl das letzte. Und sie log so überzeugend dass sie eine Menge Unterstützer fand. Stella war im Ort nicht mehr gerne gesehen und verlor neben ihrem Elternhaus auch noch die Freunde und Bekannten im Heimatort. Mehr noch: Einige der selbsternannten Moralhüter stellten Stella zur Rede, überschütteten sie mit Vorwürfen und Schuldzuweisungen, versuchten sie zur Rückkehr zu überreden. Und sie forderten Stella auf ihrer Mutter zu vergeben. Als ob sie das nicht schon tausendmal getan hätte.

Sie hatte Mutter achtundvierzig Jahre lang ertragen. Sie war nicht gegangen weil sie ihr nicht vergeben wollte sondern weil sie überleben wollte. Achtundvierzig Jahre sind 17520 Tage. Sie hatte jeden Tag Mutters Beleidigungen ertragen müssen. Und oft genug nicht nur eine. Das waren mindestens 17520 Beleidigungen. Solche wie: "Dumm, faul und gefräßig", „zu nichts zu gebrauchen" oder „nutzloses Miststück". Und sie hatte nicht nur eine Beleidigung am Tag ertragen müssen. Selbst wenn es nur eine Beleidigung pro Woche gewesen wäre macht das immer noch 2502 Beleidigungen. Und das macht 2502 Mal vergeben. Wütend, enttäuscht, verletzt und traurig sein und trotzdem vergeben. In der Hoffnung dass es ein Ende hat mit den Beschimpfungen. Nicht zu vergessen die vielen Male in denen sie die Hilfe von Mutter und Vater dringend gebraucht hätte und im Stich gelassen ihren Weg alleine finden musste. Nur um die geringe Chance zu nutzen einmal ein Lob von ihr zu hören ein Lächeln zu sehen. Weil Stella ihre Mutter trotzdem liebte. So, wie Kinder eben ihre Mutter lieben. Also hat sie ihr mindestens 2502 mal vergeben. Aber jedes Mal verlor sie ein Stück Hoffnung auf Besserung. Vergebung ist aber nur dann sinnvoll, wenn die Taten oder Worte, die zu vergeben sind, ein Ende haben. Und wenn der Täter den ernsthaften Willen zur Besserung hat. 2502 Mal hatte Stella verziehen und wurde jedesmal enttäuscht. Jedesmal war die Vergebung schwieriger, jedesmal die Enttäuschung größer. Mutter tat regelmäßig so, als als sei sie vollkommen unschuldig an der Misere oder als habe Stella sie missverstanden. Entschuldigt hat sie sich nie. Schon gar nicht die Verantwortung übernommen. Aber beide, Opfer und Täter, müssen die Vergebung ernsthaft wollen um die Spannungen zu beseitigen und um der besseren Beziehung zwischen ihnen. Ist einer von beiden nicht ernsthaft daran interessiert, kann sich die Beziehung nicht bessern. Das ist die Voraussetzung für jede Vergebung. Und Mutter war nicht daran interessiert ihre Beziehung zu verbessern- jedenfalls nicht während der 2502 Mal. Ihr war vollkommen egal ob Stella ihr verzieh - das war nicht ihr Ziel. Alles wonach sie strebte war Stella weiter quälen zu können. Vermutlich hat sie nie ernsthaft in Betracht gezogen dass Stella die Hoffnung auf eine gute Beziehung zwischen Mutter und ihr aufgegeben hatte. Und sie hatte all die schlimmen Dinge in dem vollen Bewusstsein getan dass sie nicht richtig waren und Stella verletzten. Sie hat mindestens 2502 Mal die bewusste Entscheidung getroffen, Stella weh zu tun. Sie hat es zwar nie zugegeben aber ihr hämisches Grinsen sprach oft genug Bände. Sie hat es bewusst und aus freiem Willen getan. Als die Familie auszog versteifte Mutter sich auf den Standpunkt dass sie ein Recht auf Vergebung habe, schließlich sei sie schon alt. Und um ihr vermeintliches Recht durchzusetzen spannte sie viele Menschen ein. Sie alle waren überzeugt davon etwas richtig Gutes zu tun indem sie Stella unter Druck setzten. Alle Beteiligten gaben ihr Bestes um Mutters Wunsch zu erfüllen. Aber Mutters wirklicher Wunsch war sicher nicht Vergebung. Ihr Wunsch war Macht über Stella und ihre Familie zu erlangen. Und alle haben mitgemacht. Aus Dummheit oder Ignoranz, denn Stella hat oft genug versucht ihre Beweggründe darzulegen. Aber niemand wollte das hören. Konnte es vielleicht nicht. Ihre Intervention brachte sie in einen Loyalitätskonflikt den sie nicht aushalten konnten. Also gab Stella auf. Sie versuchte nicht mehr zu überzeugen. Sie ging und gab alle Verbindungen auf, die von Mutter beeinflusst waren. Sie gab die Heimat, ihre Herkunftsfamilie, Freunde und die gewohnte Umgebung auf. Nicht freiwillig.

Einsteins Irrtum

Die mangelnde Erziehung gab Stella die Chance eigene Vorstellungen von dem zu entwickeln wie sie sein wollte. Eine Art Idealvorstellung. Immer wieder änderte sie ihre Vorstellungen, passte Ziele an oder verwarf sie. Nur in einer Sache war sie sich sicher: Sie wollte auf keinen Fall so werden wie ihre Mutter. Immer wieder hinterfragte sie ihre Entscheidungen und überprüfte sie in dieser Hinsicht. Später setzte sie sich ein neues Ziel: Sie würde alles daran setzen damit diese Probleme nicht an die nächste Generation weiter gegeben werden. Sie war wild entschlossen der gelben Linie in ihrer Familie ein Ende zu bereiten. Die eigenen Erfahrungen während ihrer Kindheit haben nicht nur Auswirkungen auf Stella sondern vielmehr auch auf die nachfolgende Generation, möglicherweise auch auf die ihrer Enkel.

Eines Abends besuchte Stella mit ihrem Mann die Tanzschule. Es war der erste Tag in einem höheren Kurs, weshalb sie versehentlich eine Stunde zu früh in der Tanzschule eintrafen. Das wäre normalerweise ärgerlich gewesen, denn beide waren berufstätig und haben täglich noch zwei Stunden Hin- und Rückfahrt zu bewältigen. Da zählte jede freie Minute. Aber an diesem Abend waren beide ausgesprochen entspannt, setzten sich mitten in die Menge der vorbeieilenden Tänzer, tranken Kaffee an der Bar und genossen trotz der Hektik und des Lärms um sie herum den Augenblick. Beide bemerkten überrascht, dass sie eine tiefe Ruhe wie schon sehr lange nicht mehr empfanden. Das war an einem Freitag Abend um 19 Uhr. Zwei Tage später rief Stellas Onkel an und teilte ihr mit dass ihre Mutter verstorben war. An besagtem Freitag Abend um 19 Uhr. Ein Teil der tief empfundenen Ruhe hat die Familie bis heute behalten. Seit Mutters Tod gestaltete sich das Leben ein wenig entspannter. Schon die Gewissheit dass niemand mehr bei ihnen anrufen und sie auf Grund von Mutters Manipulationen mit haltlosen Vorwürfen überschütten und ihnen damit die Nachtruhe rauben würde, reichte, um ruhiger leben zu können. Immerhin kamen keine neuen Quälereien hinzu. Die Verletzungen der überstandenen Beleidigungen und Verleumdungen hatten jedoch Bestand. So massiv wie sie waren überdauerten sie Mutters Tod um viele Jahrzehnte. Dafür hatte Mutter auch gesorgt. Ebenso dafür dass die gesamte Familie weiterhin den Kontakt zu Stella und ihren Lieben vermied wie der Teufel das Weihwasser.

Am Tag vor ihrem Tod verfasste sie ein Testament in dem sie Stella enterbte, die Kinder als Erben benannte und großzügige Vermächtnisse an Fremde verfügte. Letztlich war sowieso nicht mehr viel übrig, wer weiß wen sie beschenkt hatte. Und das war auch gut so. Das Geld hätte immer einen faden Beigeschmack behalten und Stella wäre nie wirklich frei gewesen.

In Mutters Familie war eine Erbschaft immer eine Art Kriegszustand, in dem jeder jeden verdächtigte Dinge

gestohlen zu haben oder sich selbst Vorteile verschafft zu haben und langwierige Gerichtsverfahren
an der Tagesordnung waren. Viele Mitglieder in Mutters Familie waren aufgrund von Erbschaften hoffnungslos zerstritten und haben die Feindschaft auch
nach Jahren nicht beenden können. Es gab wohl keinen Erbfall der nicht im Streit beendet wurde. Immer
das Gleiche: Der letzte Atemzug des Sterbenden war
noch nicht ausgehaucht da kamen Mutter, ihre
Schwester und einige Kusinen, die heimlich die ersten
Wertgegenstände an sich nahmen, was regelmäßig
im Streit endete. Nach dem Tod einer Kusine zwang
Mutter Stella, mit ihr in deren Wohnung zu fahren um
Wertgegenstände abzuholen. Welche Überraschung,
alle anderen waren auch schon da! Da wurde einge-
packt, versteckt, zur Seite gelegt was das Zeug hielt.
Vom wertvollen Schmuckstück bis zum Kochtopf.
Ohne Einwilligung des Testamentsvollstreckers. Lei-
chenfledderer. Offenbar war dies Mutters Vorstellung
von Erbteilung. Ihr Testament war entsprechend feh-
lerhaft und ungenau so aufgesetzt, dass der Streit eigentlich vorprogrammiert war. Ein Schuft der böses
dabei denkt. Stella erkannte sofort das Mutter genau
das zwischen ihr und ihren Kindern erreichen wollte.
Sie wollte Ärger und Unmut heraufbeschwören, vielleicht sogar ein Zerwürfnis herbeiführen und Stella ein
letztes Mal klar machen dass sie in dieser Familie
nichts zu suchen hatte. Aber die Kinder waren klüger.
Sie setzten eine Testamentsvollstreckerin ein, teilten
alle nicht im Testament erwähnten Dinge friedlich unter sich auf. Und Stella war seit vielen Jahren darauf
vorbereitet dass Mutter sie nicht bedenken würde,

das hatte sie schließlich achtundvierzig Jahre lang erlebt. Warum sollte es jetzt anders sein? Sie freute sich mit den Kindern und steckte das ihr zustehende Geld ins Haus und in einen Urlaub mit der ganzen Familie. Auf diese Weise hatten alle etwas davon.

Einstein behauptete, dass nur zwei Dinge unendlich seien: Der Weltraum und die menschliche Dummheit. Wobei er beim Weltraum nicht sicher sei. Stellas Erfahrung sagte etwas anderes. Es gab noch etwas dessen Ausdehnung unendlich war: Hass. In Jahrzehnten schaffte sie nicht mehr, die hassverseuchten Beziehungen zu Familienmitgliedern und Dorfbekanntschaften zu bereinigen. Sie waren unwiderruflich zerstört und nicht mehr zu retten. Und noch etwas war zerstört: Stellas Selbstvertrauen. Sie hat es nie wieder geschafft sich auf eine Beziehung gänzlich einzulassen. Immer beschlich sie die Angst dass sie von den Menschen um sie herum verraten und verlassen werden würde. Und so blieben alle Beziehungen Fluch und Segen zugleich: Einerseits verhinderten sie die Einsamkeit, die Stella sehr fürchtete, andererseits waren sie unfassbar anstrengend weil sie auch immer von der Angst vor einem Verrat begleitet wurden.

Stella hatte sich im Laufe der Zeit ein schlechtes Gedächtnis antrainiert. Wer nach schlechten Erfahrungen nicht an seiner Angst ersticken will, wird vergessen lernen müssen. Und Stella konnte vergessen. Ihr schlechtes Gedächtnis war legendär aber nicht immer einfach. Gerade in beruflicher Hinsicht war es ein echter Nachteil. Der nur durch gute Organisation halbwegs in den Griff zu bekommen war.

Stellas Selbstwertgefühl war nur rudimentär vorhanden. Für sie stand immer die Frage im Raum ob sie den Menschen um sie herum wohl genügte oder ob sie sich noch mehr anstrengen müsse, ob sie überhaupt von Wert war. Anstrengung ohne Rücksicht auf sich selbst, bis zur Erschöpfung.

Epilog

Vergebung ist in aller Munde. Vergebung führt zum Neuanfang, bereinigt Streitigkeiten, führt zur inneren Ruhe. So, jedenfalls, heisst es. Wenn das mal so einfach wäre. Vergebung ist ein langer Prozess, der nicht einfach ist.

Ich habe zahlreiche Versuche unternommen, unzählige Bücher zum Thema gelesen und in drei Psychotherapien darum gerungen. Ich habe verstanden dass Vergebung keine Einbahnstraße ist und sie bedarf einiger grundlegender Regeln um sie zum Erfolg zu führen. Ich habe mir oft von Freunden, Bekannten und weitläufigen Familienmitgliedern anhören müssen, dass Vergebung einzig und allein meine Sache sei und ein guter Mensch geradezu die Pflicht zur Vergebung habe. Aber unter welchen Bedingungen ist Vergebung tatsächlich Pflicht?

Wenn ein Mensch einen anderen aufrichtig um Vergebung bittet, so geschieht das, weil er eine Tat oder eine Unterlassung seinerseits als falsch erkannt hat und sie und ihre Folgen in der Beziehung zu dem anderen Menschen ungeschehen machen will. Die Beziehung soll ohne die belastende Tat weiter geführt werden können. Auch der Verzeihende möchte, wenn er aufrichtig verzeiht, das Geschehene ungeschehen machen und die Auswirkungen zumindest mildern. Beide, Verursacher und Verzeihender müssen daher das Ende der Verletzung anstreben.

Es ist aussichtslos, wenn ein Mann, der seine Frau regelmäßig verprügelt, um Verzeihung bittet, wenn sich die Rahmenbedingungen nicht ändern. Er wird wieder seine Frau verprügeln, sie wird wieder verzeihen, und so weiter. Damit ist nichts gewonnen. Es verschafft dem Täter lediglich ein gutes Gefühl bis zur nächsten Tat und dem Opfer die trügerische Hoffnung dass es wirklich besser werden könnte. Eine echte Vergebung ist vermutlich lediglich nach dem ersten Mal Prügel ehrlich. Danach schwingt immer die Angst vor einer Wiederholung der Tat mit. Vergebung ist nur sinnvoll, wenn der zu vergebende Akt tatsächlich beendet ist. Für beide, Opfer und Täter ist es unerlässlich dass Vergebung und die Bitte darum aus den richtigen Motiven geschieht. Äußert der Täter die Bitte um Vergebung damit sein Opfer ruhig ist oder er die Vergebung als eine Art von Sieg davon trägt, wird sich die Situation nicht ändern und die Vergebung macht überhaupt keinen Sinn. Zumal, wenn er nicht einmal sicher ist, dass er die Taten nicht wiederholt. Sollte er den Eindruck haben dass er ein Recht auf Vergebung hat, vielleicht weil es es ja nicht böse gemeint hat, kann keine echte Vergebung entstehen.

Auch das Opfer muss die Vergebung ernst nehmen und nicht nur anbieten um wieder friedlich mit ihm leben zu können. Das wäre Vorspiegelung falscher Tatsachen und keine Vergebung. Vergebung darf auch nicht als Mittel benutzt werden um den Täter mit seinen Taten zu konfrontieren und ihn schlecht zu machen oder ihm ein schlechte Gewissen zu machen.

Vergebung sollte der freie Weg zu einem echten Neuanfang in der Beziehung mehrerer Menschen sein.
Damit sind die Bedingungen klar:

- Das Motiv zur Vergebung muss dem Wunsch
  entspringen, die Beziehung zum jeweils anderen
  gesunden zu lassen und von der Belastung der
  Tat zu befreien.

- Die Tat oder Unterlassung die vergeben werden
  soll, muss auf jeden Fall beendet sein, eine Wiederholung ist auf jeden Fall mit allen Mitteln zu
  verhindern.

- Für Opfer und Täter muss der Wunsch nach einem unbelasteten Neuanfang in der Beziehung
  das einzige Motiv der Vergebung und dem
  Wunsch danach sein.

- Um eine Wiederholung der Taten zu verhindern
  bedingt der Neuanfang in der Beziehung eine
  Verhaltensänderung von Opfer und Täter.

- Idealerweise ist für denjenigen, der vor der Aufgabe steht, etwas verzeihen zu sollen, die Verhaltensänderung sichtbar. Das bedeutet, dass in
  der Chronologie der Vergebung zuerst der Wille
  des Täters zur ehrlichen Veränderung entstehen
  muss und anschließend die Vergebung durch das
  Opfer.

Je enger eine Beziehung ist, desto schwieriger ist die Vergebung.

Wenn in einer Beziehung auch noch ein Abhängig-keitsverhältnis wie in einer Familie besteht, dann wird Vergebung zu einem echten Abenteuer - oder zu einem Drama. Zudem sind in der Regel weitere Personen involviert, die Teil des Beziehungsgeflechts sind. Und es gibt noch eine Kleinigkeit, die - wenn es sich um eine Beziehung zwischen Eltern und Kindern handelt, die Sache massiv erschwert. Eltern sind die Erziehungsberechtigten der Kinder. Ihre Aufgabe ist die Vermittlung von Wissen, Fähigkeiten, Möglichkeiten und Einstellungen, die das Kind bestmöglich auf das eigene Leben vorzubereiten. Bereiten die Eltern ihr Kind mangelhaft auf sein eigenes Leben vor, fehlen bestimmt Fähigkeiten. Beispiel: eine Bekannte verwöhnte ihren Sohn über die Maßen. Bis er zehn Jahre alt war, schnitt sie ihm sogar das Essen klein. Was zum Problem wurde wenn der Junge bei seinen Freunden zu Gast war. Er war nicht in der Lage sein Essen mit dem Messer zu schneiden. Vielen Kindern fehlt das Handwerkszeug um ihr Leben erfolgreich führen zu können. Dinge wie Durchhaltevermögen, Zielstrebigkeit oder ein Minimum von Ehrgeiz.

Ich höre oft den Einwand dass eine schlimme Kindheit nicht für alles herhalten Unmöglich. Warum ? Weil es noch nicht vorbei ist. Wenn Sie sich ein Bein brechen, kann es sich dass Sie Glück haben, der Bruch ganz glatt erfolgte und verheilt ohne Ihnen weitere Probleme zu bereiten. Vielleicht ist Ihr Bruch ein wenig komplizierter und Sie verbringen längere Zeit im Krankenhaus. Und haben noch längere Zeit Schmerzen bis Sie die Sache endlich vergessen können. Möglicherweise ist die Sache richtig schief gelaufen und Sie haben einen Trümmerbruch. Einen, den man nicht so einfach beheben kann. Der Ihnen bis ans Ende Ihrer Tage Schmerzen bereiten wird und Sie in Ihren Möglichkeiten massiv einschränken wird. Seelische Verletzungen, die Kinder erleiden, sind wie einer dieser Trümmerbrüche. Die Folgen sind ungewiss aber je nach Grad der Verletzung sicher. Und manche lassen sich nicht beheben.

Ich habe noch eine Bitte an Sie: Bitte lassen Sie sich nicht zu Helfershelfern machen! Bitte bleiben Sie kritisch wenn Menschen über Dritte reden! Bitte hören Sie sich die andere Seite an. Mischen Sie sich nicht ein wenn Sie nicht beide Seiten angehört haben. Und bedenken Sie das Machtgefälle innerhalb der Beziehungen von Menschen die sie beurteilen.

Und nun das Wichtigste: Ohne Hilfe anderer Menschen ist ein solches Buch nicht denkbar. Da ist als erstes mein Mann zu nennen. Angefangen von der ersten verrückten Idee bis hin zum fertigen Buch stand er mir immer hilfreich zur Seite und hat nie aufgegeben. Er unterstützte mich bei der Recherche, bei der Korrektur des Textes und in der Frage der Gestaltung.

Alle unsere Kinder machten mir Mut und gaben mir das Gefühl auf dem richtigen Weg zu sein.

Vielen Dank an Annika Orsinger, Rostock, die sich viel Mühe mit dem Cover Design gab.

Celine Legrain   Freudenberg, im
Juli 2022